Liebe Leserinnen, liebe Leser!

»… der Deutsche hat irgendwie, noch vom Teutoburger Wald her, diese große Waldsehnsucht.«

Richard A. Bermann alias Arnold Höllriegel

Dieser DuMont Bildatlas beschreibt das Gebiet im Städtedreieck Osnabrück, Hannover, Kassel. Streng genommen geht es dabei nicht nur um den Teutoburger Wald, doch bildet der rund 110 Kilometer lange Höhenzug, der von Osnabrück über Bielefeld bis in den Südosten von Paderborn reicht, die Kernzone der Region. Das beschriebene Gebiet deckt sich weitgehend mit der Region Ostwestfalen-Lippe im Nordosten von Nordrhein-Westfalen.

Wanderspaß ist garantiert

Der quer durch den Teutoburger Wald verlaufende Fernwanderweg Hermannshöhen ist einer der mittlerweile schon 16 „Top Trails of Germany“. Nachdem der Eggeweg, Teil der Hermannshöhen, zum wiederholten Mal mit einem Gütesiegel des Deutschen Wanderverbands ausgezeichnet worden war, wurde ich neugierig und bin die 70 Kilometer lange Strecke an einem verlängerten Wochenende mit Freunden abgelaufen. Schon auf den ersten Kilometern war klar: Der Eggeweg ist ein stiller Wanderpfad für Naturliebhaber mit immer wieder prächtigen Ausblicken. Er beginnt mit einem wahren Wanderhighlight im Norden, den zerklüfteten Externsteinen, und zieht sich auf dem Kamm des Eggegebirges entlang bis nach Marsberg. Mehr über Eggeweg und Hermannshöhen erfahren Sie im DuMont Thema auf Seite 48 f.

Architektonische Highlights

Aber natürlich kann die Region auch mit viel Kunst und Kultur aufwarten. Das Spektrum reicht von hübschen Fachwerkorten über die interessanten Museen in Bielefeld, Detmold und Paderborn bis hin zu den spektakulären Bauten von Frank Gehry, der u. a. den Museumskomplex MARTa in Herford entwarf. Wenn Ihnen nach so viel Natur und Kunst der Sinn nach Genuss steht, dann rate ich Ihnen zu einem Besuch im Westfalen Culinarium. Hier ist eine kulinarische Erlebnismeile entstanden, die es in dieser Form sonst nirgendwo in Deutschland gibt (Seite 80 f.).

Herzlich

Ihre

Birgit Borowski
Programmleiterin DuMont Bildatlas

***Christian Bäck,** 1977 in Garmisch-Partenkirchen geboren, hat schon mehrere Bildbände veröffentlicht und arbeitet u. a. für die renommierte Bildagentur Huber.*

*Der in Stuttgart lebende freie Autor **Reinhard Strüber** kennt und schätzt die Region seit Kindertagen. Er ist ganz in der Nähe, im Weserbergland, aufgewachsen.*

54 Das Hermanns-Denkmal ist ein äußerst beeindruckendes Bauwerk.

70 In Bad Driburg mit seiner jahrhundertelangen Glasbläsertradition schuf sich die Firma glaskoch ein futuristisches Wahrzeichen.

110 In der Wewelsburg wird mit einer Dauerausstellung der Opfer der SS-Gewalt gedacht.

Impressionen

Porta Westfalica

Nordostwestfalen

Teutoburger Wald

UNSERE FAVORITEN

BEST OF ...

80 Die Museen des Westfalen Culinariums in Nieheim zeigen, wie Ostwestfalen schmeckt und duftet – ein Mekka für Genießer.

Oberweser / Eggegebirge

Paderborner Land

Westfalens Süden

Anhang

DuMont Aktiv

Genießen Erleben Erfahren

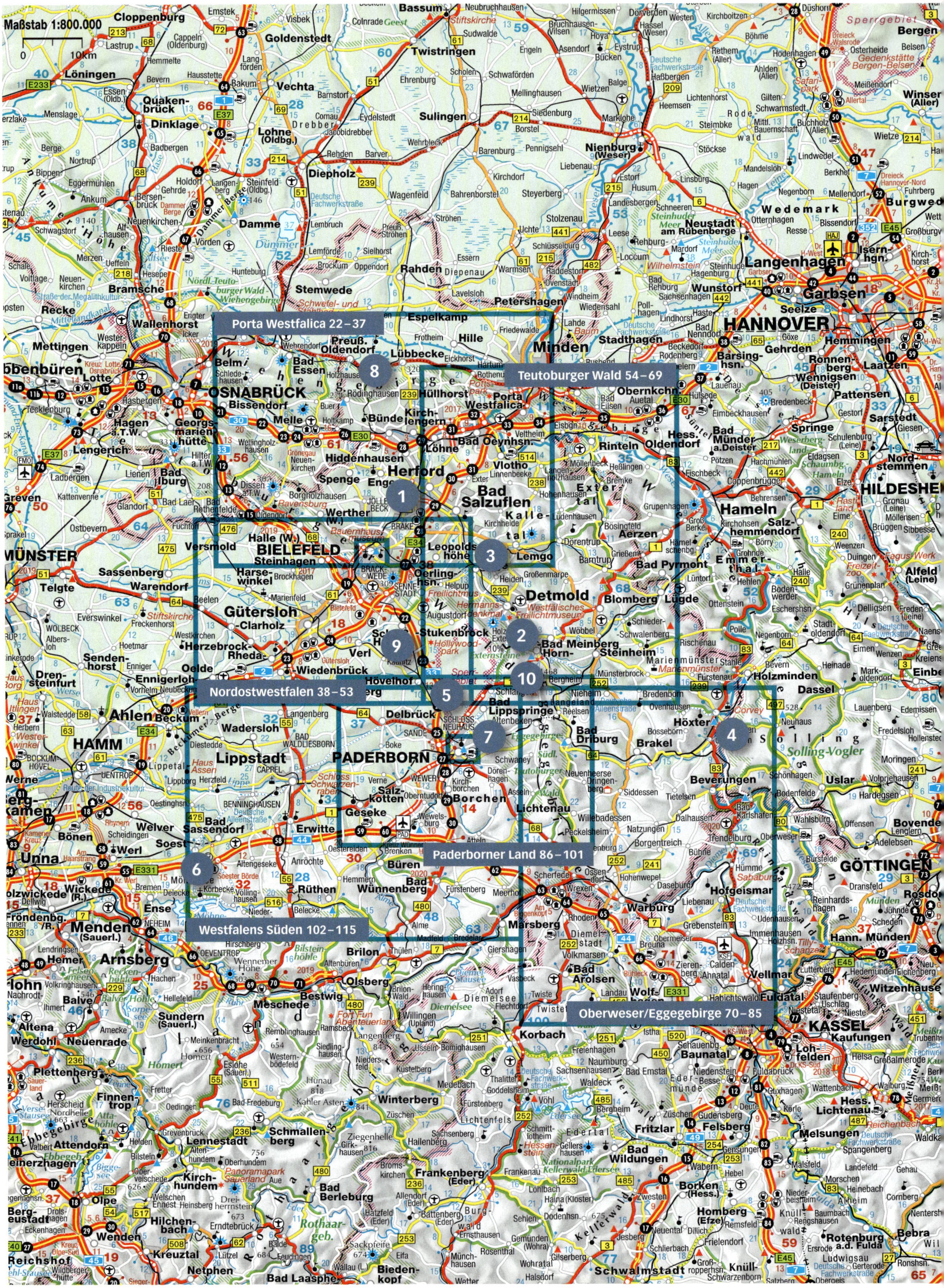

Maßstab 1:800.000
0
10km
Porta Westfalica 22–37
Teutoburger Wald 54–69
Nordostwestfalen 38–53
Paderborner Land 86–101
Westfalens Süden 102–115
Oberweser/Eggegebirge 70–85
1
2
3
4
5
6
7
8
9
10
OSNABRÜCK
BIELEFELD
PADERBORN
HANNOVER
MÜNSTER
HAMM
KASSEL
GÖTTINGEN
HILDESHEIM
Minden
Herford
Bad Salzuflen
Detmold
Lemgo
Gütersloh
Lippstadt
Hameln
Höxter
Brakel
Warburg
Arnsberg
Unna
Diepholz
Nienburg (Weser)
Bassum
Sulingen
Rinteln
Bad Pyrmont
Holzminden
Marsberg
Brilon
Korbach
Winterberg
Bad Berleburg

Topziele

Erlebnisse, die Sie auf keinen Fall versäumen sollten, und die bedeutendsten Sehenswürdigkeiten haben wir hier für Sie zusammengestellt. Auf den Infoseiten sind die Highlights als **TOPZIEL** *gekennzeichnet.*

KULTUR

1 MARTa Herford: Frank Gehry schuf das Gebäude des ungewöhnlichen Veranstaltungsforums und Museums für Kunst und Design. **Seite 36**

2 LWL-Freilichtmuseum Detmold: In Deutschlands größtem Freilichtmuseum mit rund 100 Häusern werden alte Handwerkstechniken vorgeführt. **Seite 67**

3 Alte Hansestadt Lemgo: Über 800 Jahre Stadtgeschichte zeigen sich in prächtigen Bürgerhäusern. **Seite 69**

4 Schloss und Kloster Corvey: Am bedeutendsten Baudenkmal Ostwestfalens lässt sich die Kulturgeschichte des Weserraums ablesen. **Seite 83**

5 Schloss Neuhaus: Die einstige fürstbischöfliche Residenz in Paderborn wartet mit einer Fülle von Attraktionen auf. **Seite 99**

6 St. Maria zur Wiese: Farbenfrohe Fensterscheiben machen die gotische Wiesenkirche in Soest zum funkelnden gläsernen Schrein. **Seite 113**

10

TECHNIK

7 Heinz Nixdorf MuseumsForum: Die Zeitreise im weltgrößten Computermuseum führt durch 5000 Jahre Informations- und Kommunikationstechnik. **Seite 100**

2

8

5

ERLEBEN

8 Westfälische Mühlenstraße: Die 300 Kilometer lange Route verbindet über vierzig restaurierte, funktionstüchtige Mühlen, die am besten an Backtagen zu erkunden sind. **Seite 35**

9 Safaripark Stukenbrock: Elefanten trompeten, Affen kreischen, Löwen dösen unter Kiefern: Mit dem eigenen Auto oder dem Safaribus kommen Sie dem Großwild ganz nahe. **Seite 52**

NATUR

10 Externsteine: Auch wer keinen Bezug zu „Kraftorten“ hat, wird von der Magie der wild zerklüfteten Sandsteinformation gefangen. **Seite 68**

Lebendige Vielfalt

Bielefeld wird oft unterschätzt – die Netzgemeinde erfand gar die „Bielefeldverschwörung“, in der die Existenz der Stadt schlicht angezweifelt wird. Dabei ist Bielefeld doch eigentlich quicklebendig, bietet ein reiches Kulturleben (im Bild rechts das Stadttheater neben dem Alten Rathaus), Gartenanlagen, zahlreiche Einkaufsmöglichkeiten und interessante Museen.

Geheimnisvolle Sandsteinfelsen

Die Externsteine in der Nähe von Horn-Bad Meinberg sind ein beliebtes Reiseziel, um das sich zahllose Sagen und Mythen ranken. Für so manchen Besucher sind die faszinierenden Felsen „Orte der Kraft“, für andere dagegen schlicht ein grandioses Naturphänomen. Wie dem auch sei, ein Besuch der unter Naturschutz stehenden Sandsteinformation lohnt auf jeden Fall.

1

Nicht nur für Computerfreaks

Auf 6000 Quadratmeter Ausstellungsfläche präsentiert das Heinz Nixdorf MuseumsForum in Paderborn – größtes Computermuseum der Welt und lebendiger Veranstaltungsort zugleich – Geschichte, Gegenwart und Zukunft der Informationstechnik im breit angelegten sozial- und wirtschaftshistorischen Kontext. Spannend, nicht nur für Computerspezialisten!

Erholung mitten in der Stadt

Mit seinem alten Baumbestand und weiten Rasenflächen lädt der über sechs Hektar große Nordpark mitten in Bielefelds Stadtgebiet zur wohnungsnahen Erholung ein. Der vermutlich von einem Schinkel-Schüler geplante neoklassizistische Pavillon, nach dem Zweiten Weltkrieg aus einem Privatgarten in den Park versetzt, wird heute als Café genutzt.

EUROPA MINDEN D

Wasserwege

Das Wasserstraßenkreuz in Minden ist etwas Besonderes – hier verläuft der Mittellandkanal wie in einem Trog 13 Meter oberhalb der Weser. 1914/15 wurde die alte Kanalbrücke fertiggestellt, die 1998 noch durch eine neue Brücke ergänzt wurde. Ausflugsschiffe fahren auf beiden Wasserstraßen – drüber und drunter.

Prachtbau der Weserrenaissance

Einst residierten die Paderborner Fürstbischöfe in dem vierflügeligen Wasserschloss aus dem 16. Jahrhundert, heute pauken hier die Schüler der Realschule Schloss Neuhaus. In den nach historischen Vorbildern restaurierten Parkanlagen – die sich auch schon als Schauplatz einer Landesgartenschau bewährt haben – kommen Naturfreunde und Kunstliebhaber gleichermaßen auf ihre Kosten.

Die außergewöhnlichsten Restaurants

Muße mit Genuss

Ländlich sittlich hat auch positive Seiten. In Ostwestfalen-Lippe liegen etliche Oasen für kurze wie längere Pausen, wo auf schönen Plätzen, in ganz besonderem Ambiente, inmitten von Natur die Entspannung mit gutem Essen und Trinken kombiniert werden kann.

1 Glück und Seligkeit

Nach dem Shopping das Abendmahl in einem Restaurant einzunehmen, das früher eine Kirche war, hat besonderen Reiz. Stille ist in der Clublounge im Kirchenschiff nicht unbedingt zu erwarten, dafür aber gutes Essen in angenehmer Atmosphäre. Als das Restaurant vor 10 Jahren eröffnet wurde, war es ein Medienereignis, da erstmals in Deutschland ein Sakralbau, die Ende des 19. Jahrhunderts errichtete Martini-Kirche, zum Gastronomiebetrieb umgebaut worden war.

GlückundSeligkeit, Artur-Ladebeck-Str. 37, 33617 Bielefeld, Tel. 0521 55 76 55 00, www.glueckundseligkeit.de; Mo.–Do. 11.30–24.00, Fr. 11.30–1.00, Sa. 9.00–11.00, So./Fei. 10.00–24.00 Uhr

2 Steaks in der Apotheke

Nach dem Wellness-Programm in Bad Salzuflen bietet sich eine Stärkungspause im Ambiente einer historischen Apothekeneinrichtung aus London um 1860 an. Hier reifen streng kontrolliert im einsehbaren Aging Room Körperteile von einst glücklichen Weiderindern. Auf Regionalprodukte wird besonderer Wert gelegt, auch bei Geflügel, Fisch und Gemüse, das in ebenso leckeren Varianten auf die Teller gelangt.

Walter's Pharmacy, Im Altstadt-Palais, Lippischer Hof, Mauerstraße 1–5, 32105 Bad Salzuflen, Tel. 05222 5 342 96, www.walters-pharmacy.de; tgl. 12.00 bis 14.00, 18.00–23.00 Uhr

3 An der Silbermühle

Aus dem mühsamen Mühlenbetrieb von 1895 im Silberbachtal ist ein beliebtes Ausflugslokal mit Hotel geworden. Nach einem Waldspaziergang oder als Zwischenstopp einer Radtour bietet das Ambiente Erholung mit gepflegter Außenterrasse, Biergarten und Liegewiese. Neben Snacks und Tagesgerichten seien Forelle und Saibling in verschiedener Zubereitung empfohlen. Für Anspruchsvollere bietet das Restaurant im Hotelbereich eine entsprechende Auswahl.

Waldhotel Silbermühle, Neuer Teich 57, 32805 Horn-Bad Meinberg, Tel. 05234 22 22, www.silbermuehle.de; April–Okt. warmes Mittagessen 12.00 bis 14.00, danach Kaffee und Kuchen bis 18.00, warme Küche 18.30–21.30 Uhr

4 Kiekenstein

„Hier hab ich so manches liebe Mal mit meiner Laute gesessen …", heißt es im „Weserlied" – ganz so romantisch ist es am Kiekenstein zwar nicht mehr, aber der Blick von der Restauranterrasse auf das Wesertal ist nach wie vor reizvoll. Bei einer Tour auf dem Weser-Radweg oder bei der Sonntagsfahrt lässt sich ein Stopp am Kiekenstein im Biergarten, Bistro oder Restaurant einlegen für Snacks und Getränke, zum Genuss der Wildspezialitäten wie Rehkeule, Wildschweinbraten oder Hirschmedaillons aus den Wäldern rundum.

Hotel-Restaurant Kiekenstein, Heinser Str. 74, 37671 Höxter-Stahle, Tel. 05531 40 08, www.kiekenstein.de; tgl. 10.00–22.00 Uhr

5 kupferbar

Nicht nur nach einem Besuch des MARTa lädt das mit Kupfermaterial veredelte Museumslokal in Herford zum Entspannen ein. So spektakulär wie das Museum ist auch die kupferbar – mit einer Deckenkonstruktion aus Gitterwerk, das an einen riesigen Insektenpanzer erinnert. Auf der Außenterrasse über dem Flüsschen Aa lassen sich im Sommer köstliche Kleinigkeiten und coole Getränke genießen.

kupferbar im MARTa Museum, Goebenstr. 4–10, 32052 Herford, Tel. 05221 5 89 47 70, www.kupferbar.de; Di.–So. ab 10.00, Mi.–Sa. bis 21.00, Di. und So. bis 18.30 Uhr

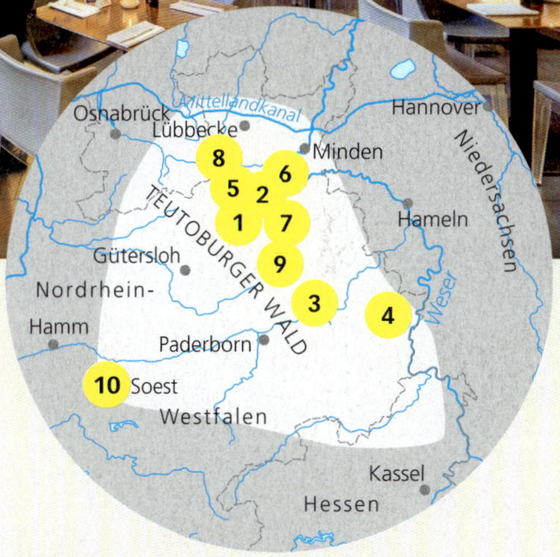

6 Alte Kaffeestube

Gemütlichkeit wie in guter alter Zeit empfängt den Gast in der liebevoll ausstaffierten Kaffeestube in Oeynhausen. Hier werden nicht nur duftender Kaffee und wunderbare Kuchen aus hauseigener Herstellung nach Omas Rezepten, sondern auch Frühstück, Tellergerichte und Salate serviert. Probieren Sie den Bienenstich, Zuckerkuchen oder die Minford-Torte.

Alte Kaffeestube Minford, Herforder Str. 27, 32545 Bad Oeynhausen, Tel. 05731 2 21 72; www.alte-kaffeestube-minford.de; Di.–So. 9.00–18.00, Mo. ab 14.00 Uhr

7 Delikatessen

An einer 30 m langen Frischetheke locken leckere Antipasti, Salatkreationen, Pasteten, Süßspeisen, Kuchen und Gebäck aus eigener Herstellung. Klötzer Delikatessen gilt als Institution in Bielefeld. Man kann die Köstlichkeiten gleich auf die Hand nehmen, zuhause genießen oder sich im Restaurant bedienen lassen, wo saisonal wechselnde Gerichte aus der regionalen Küche von ausgesuchten Weinen begleitet werden.

Klötzer's Restaurant, Niedernstr. 41, 33602 Bielefeld, Tel. 0521 96 77 50; www.kloetzer-delikatessen.de; Restaurant Di.–Sa. 12.00 bis 24.00, Geschäft Mo.–Do. 10.00–18.30, Fr. 9.30–18.30, Sa. 9.30–16.00 Uhr

8 Tolle Knollen

Einst wuchsen Kartoffeln in jedem Garten Westfalens, noch heute sind viele Sorten auf den Märkten erhältlich. Statt selbst zu kochen, geht man ins Kartoffelhaus in Bünde, wo zahlreiche Kartoffelgerichte serviert werden: Westfälische Kartoffelsuppe mit Speck und Mettwurst, Kartoffeltaschen Toskana mit Mozzarella und Tomate, Kartoffel-Käse-Rösti, Kartoffelaufläufe in Gemüse-, Fleisch- und Fischvariationen, Bratkartoffeln mit Speck und Zwiebeln, Backknollen mit allerlei Füllungen …

Knolle Bünde – Das urige Kartoffelhaus, Frühlingsweg 9 (im Buddehof), 32257 Bünde Tel. 05223 1 23 24; www.knolle-buende.de, tgl. 11.30–14.30, 17.30–24.00 Uhr

9 Burger bei Leopold

Vielleicht hätte Fürst Leopold auch mal gern in der Nähe seines Schlosses einen gut gewürzten Fleischklops verspeist. Heute heißen sie Burger, und im Leopold in Detmold kann man Edelburger in allen Variationen probieren. Unter dem Gütesiegel Lippe-Qualität werden regionale Produkte zu herzhaften Fleischgerichten verarbeitet, die in der Bistro-Bar oder im Freien serviert werden. Wer genug Appetit mitbringt, kann sich durch die Ständegesellschaft essen, denn die Burger tragen Namen wie Zinngießer, Büchsenmacher, Scharfrichter, Baronin oder Großfürst.

Leopold, Schlossplatz 7, 32756 Detmold, Tel. 05231 2 22 67; www.leopold-detmold.de, Di.–Do. 12.00 bis 23.00, Fr.–Sa. 12.00–2.00, So./Fei. 12.00–22.00 Uhr

10 Brauhaus Zwiebel

Natürlich ist Bier das lokale Getränk in einer von Getreidefeldern umgebenen ehemaligen Hansemetropole, in der die Bürger zu Schinken und Schwarzbrot gerne ihren Durst mit einen Krug Bier löschten. Gebetet und getafelt wird in vielen Winkeln der Stadt, wie nahe der St.-Pauli-Kirche in einem Renaissance-Fachwerkhaus, wo das Brauhaus Zwiebel zum Verweilen einlädt. Soests einzige Lokalbrauerei mit Braukessel im Erdgeschoss schenkt frisch gezapftes Bier aus, begleitet auf Wunsch mit deftigen Gerichten.

Brauhaus Zwiebel, Ulricherstr. 24, 59494 Soest, Tel. 02921 44 24; www.brauhaus-zwiebel.de, Mo.–Sa. 11.00 bis 23.00, So. bis 22.00 Uhr

Weitblick mit Tradition

Vom Wittekindsberg mit Kaiser-Wilhelm-Denkmal schweift der Blick über die letzten Hügelketten Ostwestfalens bis zur Domstadt Minden an der Weser. Von dort ist es nicht weit nach Lübbecke und zur reizvollen Mühlenstraße. Nach Süden zu bietet der „Heilgarten“ mit Orten wie Bad Salzuflen und Bad Oeynhausen Entspannung. In Herford zeigt MARTa zeitgenössische Kunst und aktuelles Design.

Das Kaiser-Wilhelm-Denkmal auf dem Wittekindsberg ist das Wahrzeichen der Porta Westfalica.

An der Porta Westfalica thront Kaiser Wilhelm I. über der Weser. Wem es in Mindens Altstadt mit den schmucken Fachwerkhäusern zu beschaulich ist, der wagt in potts park eine rasante Fahrt (im Uhrzeigersinn).

Wahrzeichen der Stadt Porta Westfalica: das Kaiser-Standbild von Caspar von Zumbusch

„Nicht alles ist todt in Westphalen, was begraben ist."

Heinrich Heine

Die Porta Westfalica, der 800 Meter breite Durchbruch der Weser vom Bergland in die Norddeutsche Tiefebene, hat viele Personen der deutschen Geschichte kommen und gehen sehen. Geblieben ist allein Kaiser Wilhelm I., der hier in Bronze über der Weser thront; auf dem Wittekindsberg.

Held der Sachsenkriege

Was ist nicht alles über Widukind geschrieben worden – den edelmütigen Krieger, bekehrten gläubigen Christen, nordischen Helden der nationalsozialistischen Propaganda. Nur das Wenigste ist historisch bezeugt, denn frühmittelalterliche Quellen sind rar. Immerhin wird 775 Westfalen erstmals in den fränkischen Reichsannalen genannt. Im altsächsischen Siedlungsraum war ein buntes Stammesgemisch zu Hause, dem die Franken erst den Volksnamen Sachsen gaben. Ostfalen und Ostsachsen lebten zwischen Leine und Elbe, Engern bauten ihre Gehöfte beiderseits der Weser, Westfalen siedelten von der Lippe bis nach Friesland. Als sich durch Wanderungsbewegungen im 8. Jahrhundert die Siedlungsräume verschoben, kam es zwangsläufig zu Streit. Die bereits christianisierten Franken am Rhein sahen sich immer häufiger durch die heidnischen Sachsen bedroht und sammelten sich zur Gegenwehr. 772 begann unter Frankenkönig Karl der blutige Feldzug gegen die frechen Sachsen, der 804 mit der Eroberung ganz Norddeutschlands endete. Erst nach zähen Kämpfen gegen die Übermacht zeigte sich Widukind, volkstümlich Wittekind, einsichtig. Unter Zusicherung freien Geleits suchte er 785 Karl den Großen in der Pfalz Attigny (Champagne) auf und ließ sich taufen. Die dadurch ermöglichte weitere Christianisierung der Sachsen und ihre Eingliederung in das Frankenreich ließen Papst Hadrian ein dreitägiges Dankesfest feiern. Von Widukind allerdings fehlt seit der Taufe jede Spur. Ob er zurückgezogen auf seinen Gütern oder gar als Mönch der Bodensee-Abtei Reichenau starb, ist unter Historikern umstritten.

Doch wie sagt Heinrich Heine: „Nicht alles ist todt in Westphalen, was begraben ist", und so lebt Widukind in Legenden weiter. Es gibt sein vermeintliches Grab in der Stiftskirche in Engern, auch ein Museum, es gibt die Wittekindsquelle und die Wittekindsburg, eine sächsische Wallburg, als bleibende Erinnerungen an den Sachsenhelden.

Zur Ehre Gottes

Widukinds Gegenspieler Karl der Große setzte mit seiner Grafschaftsverfassung und der Förderung der Geistlichkeit eher

Anziehungspunkt für Ausflügler ist das Mindener Wasserstraßenkreuz, dessen neue Brücke 1998 eingeweiht wurde. 450 Jahre älter ist Schloss Petershagen, das nördlich von Minden direkt an der Weser liegt (im Uhrzeigersinn).

auf administrative und bildungspolitische Trümpfe zur Zukunftssicherung im Sachsenland. In Minden wurde angeblich brav geteilt nach „min“ (mein) und „din“ (dein), wobei nicht nur die eine Hälfte der Sachsenburg an Karl fiel, sondern um 800 auch ein Bistum eingerichtet wurde. In Herford kamen tatkräftige Damen zum Zuge, mit der Gründung des ersten Frauenstifts in Sachsen, das sich zum einflussreichen Reichskloster entwickelte. Die Adelsfräulein hatten früh

Heute nennt man das ostwestfälische Bergland Heilgarten.

ein Gespür für Neuerungen, nicht nur auf dem Handelssektor – ihr Stift besaß ab 833 Marktrecht –, sondern auch in der Baukunst. Unter der Äbtissin Gertrud II. zur Lippe entstand von 1220 bis 1250 die früheste westfälische Hallenkirche in Herford. Anstelle des bis dahin üblichen basilikalen Kirchenraums, in dem das erhöhte Mittelschiff beherrschend ist, entfaltete sich in der Spätromanik – typbildend für die ganze Region – ein Hallenbau mit drei gleich hohen Schiffen, der sich etwa auch im umgebauten Langhaus des Mindener Doms wiederfindet.

Während die Stiftsdamen zur Ehre Gottes investierten, schufteten die Salzsieder in Salzuflen und andernorts für bare, wenn auch oft schlechte Münze. Salz wurde zur Konservierung vieler Nahrungsmittel benötigt. Als die industrielle Herstellung einsetzte, wurde die traditionelle Salzsiederei eingestellt. Heute nennt man das ostwestfälische Bergland Heilgarten. Fast zehn Prozent der deutschen Kurorte liegen hier und nutzen Sole, kohlensäurehaltige Quellen und Moor im Dienste der Gesundheit.

Auf der Mühlenroute

Auch ein anderer Beruf hat sich im Laufe der Zeit gewandelt: der des Müllers. Im Mühlenkreis Minden-Lübbecke, dem

Herford ganz modern, mit dem von Frank Gehry entworfenen Museum MARTa …

… und spätromanisch, mit der Münsterkirche, der frühesten westfälischen Hallenkirche

Ursprünglich zählte das an der Westfälischen Mühlenstraße liegende Vlotholm 52 Wind- und Wassermühlen. Die Windmühle im Stadtteil Exter ist als einzige erhalten.

„Putto 4 over 4" heißt die Skulptur von Michael Rees im Eingangsbereich des MARTa.

nördlichsten Zipfel Westfalens, standen einst mehr als hundert Mühlen, von denen heute 42 noch intakt sind und an den beliebten Mahl- und Backtagen für die Besucher in Betrieb genommen werden. Die außerordentliche Vielfalt der Mühlentypen, verschieden in Bauweise, Ausstattung und Funktion, zeugt vom hohen handwerklichen Können und der Leistungsfähigkeit der Mühlenbauer in der Vergangenheit.

Gebraucht wurde das Mühlengewerbe in diesen riesigen Dimensionen erst in der Preußenzeit. Das seit dem Jahr 1701 bestehende Königreich Preußen regelte per Dekret die Mahlvorgänge zur Versorgung der vielen Soldaten in der Garnisonsstadt Minden. In Wahrheit bedeutete das „Mahlzwang", vor allem in den „Königsmühlen", den eindrucksvollsten Exemplaren an der 320 Kilometer langen Mühlenroute. Das geerntete Getreide musste also bei einem zuvor bestimmten Müller gemahlen werden, auch wenn der teurer war als die Konkurrenz. Heute erkundet man die moor-, wasser- und windreiche Landschaft am besten mit dem Fahrrad, erlebt eindrucksvolle Natur und erfährt ganz beiläufig allerlei über Bockwindmühlen, Galerieholländer, Wassermühlen mit mittelschlächtigem Wasserrad oder Rossmühlen mit Göpelwerk für bis zu sechs Pferde.

Special

Frank Gehry

Begehbare Skulpturen

Das Energie Forum Innovation in Bad Oeynhausen, ein Bau von Frank Gehry

Der 1929 in Toronto geborene, in Kalifornien lebende Architekt Frank Owen Gehry hat sich mit seinen aufsehenerregenden Bauwerken auch in Europa einen Namen gemacht. Dass er neben seinen berühmten Gebäuden in Los Angeles oder Bilbao auch in Ostwestfalen überraschende dekonstruktivistische Akzente setzte, ist seiner Lust am Kontrast zur Tradition in der „Provinz" zu verdanken. Manches von ihm, gibt der Architekt verschmitzt zu, sehe aus, als wären Kartons in die Luft geworfen worden und zufällig irgendwo gelandet. Verschachtelte Räume und Materialmix, oft mit Bezug zu lokalem oder historischem Baumaterial, machen Gehrys Bauten zu begehbaren Skulpturen. Im Energie Forum Innovation des Eon-Konzerns in Bad Oeynhausen sowie im Museumskomplex MARTa in Herford kann man sich ein Bild von seinen Schöpfungen machen.

Reich verziertes Fachwerk mit Weserrenaissance-Motiven in Bad Salzuflens Langer Straße

Spätklassizistische Formen am Badehaus I im Kurpark von Bad Oeynhausen

Geschätzte 200 Alleen gibt es im Landkreis Lippe – hier ein Prachtbeispiel bei Bad Salzuflen.

Bäderpracht bei Nacht: das Kaiserpalais, Bad Oeynhausens ehemaliges Kurhaus

Im Siebenjährigen Krieg spielte vor den Festungsmauern Mindens ein Stück Weltgeschichte.

Rosen am Minden Day

Nicht immer ging es in der Region so friedlich zu wie heute. Im Siebenjährigen Krieg spielte vor den Festungsmauern Mindens ein Stück Weltgeschichte. Fast 10 000 Soldaten fanden den Tod, als am 1. August 1759 in der Schlacht bei Minden das Heer der Engländer, Hannoveraner, Preußen, Hessen und weiterer Verbündeter die französisch-sächsische Armee in die Flucht schlug, die es auf Hannover, das Stammland des regierenden britischen Königshauses, abgesehen hatte. Frankreich verlor nicht nur eine Schlacht, sondern auch seine nordamerikanischen Besitzungen an England. Im Überschwang der Siegesfreude steckten britische Soldaten Heckenrosen an ihre Hüte und Jacken. Seitdem tragen sechs britische Regimenter den Namen Minden ehrenvoll auf ihren Fahnen. Am „Minden Day“ werden in Großbritannien Rosen an die Helme gesteckt, und in der Grafschaft Suffolk fließt im Pub „The Minden Rose“ das Bier. Die Bewohner Mindens blieben nur Zuschauer, dennoch feierten auch sie die 250. Wiederkehr des Schlachtentages im Jahr 2009.

Tradition und Moderne

Ab 1807 wehte die Trikolore über Minden an der Weser. Napoleonische Truppen waren einmarschiert, und das Königreich Westphalen, unter Napoleons in Kassel residierendem Bruder Jérome als König, nahm mit großem Reformeifer allmählich Gestalt an, blieb aber nur ein Zwischenspiel bis zum Jahr 1815. Danach kehrten preußische Zucht und Ordnung in die Stadt zurück, die zugleich Regierungssitz für die Provinz Westfalen war.

Das Schicksal einer abgeriegelten Garnisonsstadt hat Minden trotz Eisenbahnanschluss (1847) und Mittelandkanalbau (ab 1911) lange teilen müssen. Die Stadt wurde in den letzten Wochen des Zweiten Weltkriegs nahezu ausgelöscht, entstand aber wieder neu, mit Liebe zur Tradition und unternehmerischem Weitblick: Neben der preußischen Simeonskaserne des 19. Jahrhunderts erhebt sich seit dem Jahr 2001 der Neubau des Stararchitekten Mario Botta für ein Hightech-Unternehmen.

Zurück zur Porta Westfalica: Der Sage nach wollte der Teufel die Menschen, deren Seele er nicht bezwingen konnte, aus Wut ertränken und staute mit einem gewaltigen Berg die Weser, was weiträumige Überschwemmungen zur Folge hatte. Die Bewohner riefen Gott um Hilfe, und der schickte ein fürchterliches Gewitter, das den Berg entzweiriss. So entstand die Porta, durch die das Weserwasser abfließen konnte.

Die faszinierendsten Musikevents

Sang und Klang

Die Musikfeste in Ostwestfalen-Lippe bieten ein breites Spektrum an Hörgenuss von Alter Musik bis Gothic Rock. Reizvoll sind dabei auch die Aufführungsorte vom Schlossareal über die Schachtschleuse bis zur Waldbühne.

1

7

1 Rhythm 'n' Blues Festival

Halle „got the blues", zumindest einmal im Jahr, wenn im Herbst bei Deutschlands größtem Indoor-Bluesfestival bekannte Soul- und Jazzgrößen auftreten. Zu verdanken ist das Festival dem Hauptsponsor Bowes & Wilkins (B&W), einem Lautsprecher-Produzenten aus Halle in Ostwestfalen, der immer wieder hochkarätige Sänger- und Sängerinnen für das Festival gewinnen kann, 2016 u. a. Andreas Kümmert (The Voice of Germany) und den Shooting Star Jesper Munk, ein Deutsch-Däne mit Gitarre und enorm ausdrucksvoller Stimme.

www.bw-blues-festival.de

2 Haller Bach-Tage

Halle in Westfalen hat mit der Biografie von Johann Sebastian Bach direkt zwar nichts gemein, aber dies tut der Begeisterung für seine Musik keinen Abbruch. Seit über 50 Jahren veranstaltet die Johanniskantorei mit ihrem exzellenten Bachchor, der auch in den Gottesdiensten singt, jeweils im Februar über mehrere Tage unter einem bestimmten Motto hochkarätige Aufführungen alter und neuer Musik in Auseinandersetzung mit dem Werk von Bach. Auf dem Programm stehen Orchesterkonzerte, Oratorien und Orgelwerke mit namhaften Solisten sowie besondere Kinder-Konzerte.

www.haller-bach-tage.de

3 Hochschule für Musik

Sie sind die Stars von morgen – zumindest einige der rund 750 Studierenden der Hochschule für Musik in Detmold. In Fachkreisen weltbekannt, vor Ort begeistert beklatscht, in der breiten Öffentlichkeit jedoch kaum wahrgenommen, bietet die Hochschule mit ihren über 300 Konzerten und Veranstaltungen im Jahr Hörgenuss vom Feinsten. Bei den öffentlichen Musikprüfungen wie bei den Aufführungen kann man sich von der Qualität der Musiker überzeugen. Der nur mit Studierenden besetzte Kammerchor der Hochschule wurde 2014 als der beste Deutschlands ausgezeichnet.

www.hfm-detmold.de als Info-Website für sämtliche Veranstaltungen, Kartenvorverkauf: Haus der Musik Detmold, Krumme Straße 26, 32756 Detmold, Tel. 05231 30 20 78

4 Musica Sacra

Wie es sich für eine Kathedralstadt gehört, spielt in Paderborn geistliche Musik eine wichtige Rolle. Alle zwei Jahre (2017, 2019) präsentiert im Herbst die Biennale für spirituelle Musik und Literatur über 30 sakralmusikalische Aufführungen mit breitem Spektrum von traditionellem bis zeitgenössischem Stil. So war in der Vergangenheit sowohl die Heavy-Metal A-Capella-Band Van Canto zu hören wie der Iraker Saad Thamir mit interreligiösen Kompositionen.

Infos: www.musica-s.de

5 Burg mit Klang

Die Kulturagentur des Landesverbandes Lippe veranstaltet auf der Burg Sternberg hochkarätige Musikevents mit Schwerpunkt Alter Musik und Klassik. Neben regionalen Musikern gastieren Ensembles und Solisten aus ganz Europa. Angeschlossen ist die Akademie für Alte Musik mit Workshops sowie das Klingende Museum. Seit 2004 betreibt der Instrumentenbauer Walter Waidosch hier seine Werkstatt und hat die Instrumentensammlung von Peter Harlan öffentlich zugänglich gemacht.

Infos: www.burg-sternberg.de

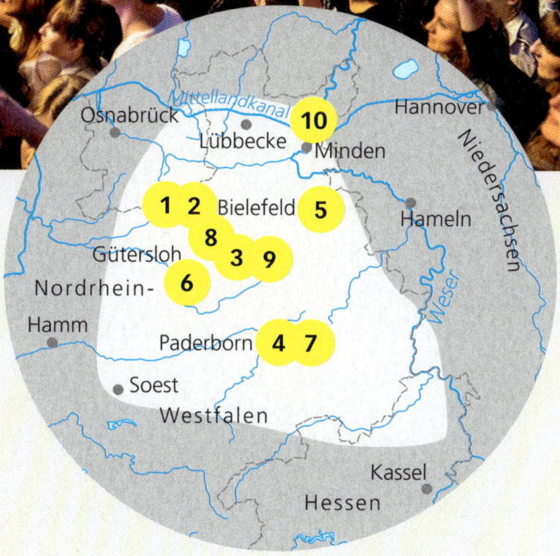

6 Gütersloher Sommer

Musik liegt in der Luft, vor allem bei den musikalischen Open-Air-Veranstaltungen in Mohns Park in Gütersloh. An jedem Sonntag in den NRW-Sommerferien wird spätnachmittags die Freilichtbühne zum musikalischen Treffpunkt – kostenlos, für Jung und Alt ohne Schlips und Kragen. Auch im Botanischen Garten und im Stadtpark unterhält die Stadt durch Unterstützung der berühmten ortsansässigen Firmensponsoren ihre Bürger auf kostenlose Weise musikalisch oder literarisch.

Programm: www.guetersloh.de/guetersloher-sommer

7 Schlosssommer

Von Mai bis Anfang Oktober wird jedes Jahr das Renaissance-Schloss Neuhaus, einst Sitz der Fürstbischöfe, vor den Toren Paderborns mit seinem Barockgarten zum Mittelpunkt eines bunten Programms. Hauptsächlich an den Wochenenden wechseln Open-Air-Events mit Musik, Tanz, Gesang, Theater, Kleinkunst, Spielfesten, Märkten und Ausstellungen ab. Besonders die musiksynchronen Feuerwerksinszenierungen an Hochsommerabenden bieten unvergessliche Erlebnisse im historischen Ambiente des Neuhäuser Schlossparks.

Infos: www.schlosspark-paderborn.de/5-veranstaltungen.html

8 Campus Festival

Kurz vor den Prüfungen gegen Ende des Sommersemesters wird auf dem Campus der Universität Bielefeld ausgelassen gefeiert. Die Bielefelder Studierenden organisieren mit Sponsoren einmal im Jahr, meist Ende Juni, ein Fest mit Live-Musik auf diversen Open-Air-Bühnen und Indoor Partyflächen. Der Musikgeschmack junger Menschen steht dabei im Vordergrund: Hiphop trifft auf Punk und Elektro, wechselt ab mit Urban-Brass-Klanggewalten, Mashup-Stars mixen irre Sounds und DJs unterhalten mit subjektivem, aber massenverzückendem Musikgeschmack.

Infos: www.campusfestival-bielefeld.de

9 Owls 'n' Bats Festival

Etwas Grusel muss schon sein, wenn sich die Anhänger von Gothic Rock zum Owls and Bats Festival in Detmold auf der Waldbühne am Hermannsdenkmal treffen. Die eintägige Veranstaltung im Sommer beginnt am Nachmittag im noch lichten Teutoburger Wald mit einem Schattenmarkt für Kunsthandwerk und Modeaccessoirs sowie ersten musikalischen Einstimmungen, bevor es los geht mit Dark Wave, Gothic Rock, Post Punk und Coldwave bis tief in die Nacht hinein.

www.owls-n-bats.net

10 Hafenkonzerte

Das Wasser der Weser fließt noch ein Weilchen, bis es die Nordsee erreicht. Das hält Begeisterte aber nicht davon ab, an der Mindener Schachtschleuse, wo der Mittellandkanal die Weser überquert, schon mal Hafenmusik zu intonieren, die allerdings nicht nur von Seemannsliedern bestimmt ist. Von Mai bis September unterhalten Musikzüge, Chöre, Musikgruppen und Gesangsvereine aus der Region mit Konzerten an der Schachtschleuse jeden Sonntag von 10.30 bis 11.30 Uhr kostenlos ein bunt gemischtes Publikum mit bekannten Melodien, Soloeinlagen sowie volkstümlichen Weisen und Tänzen.

Programm unter www.minden-erleben.de/hafenkonzerte

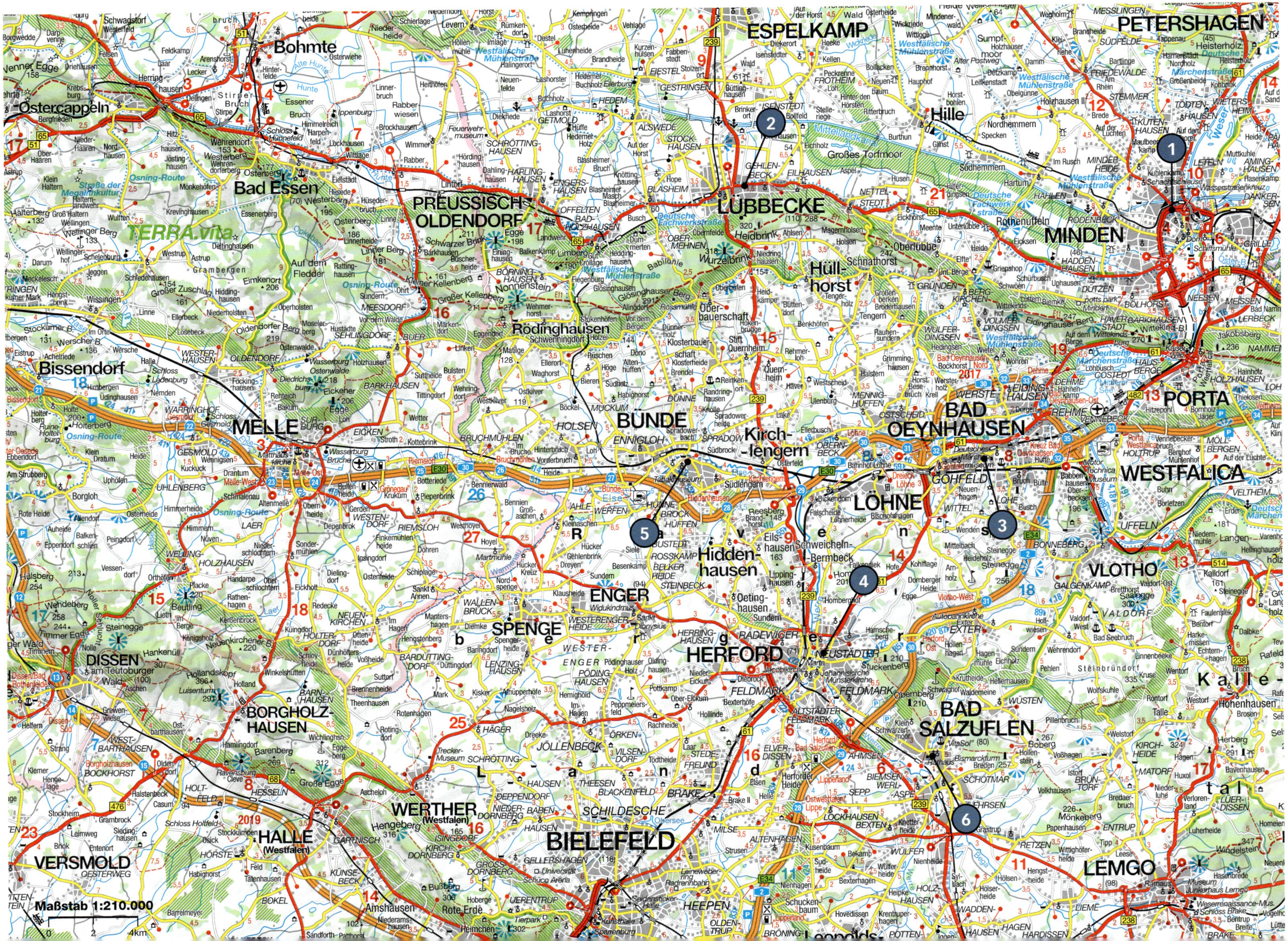
PETERSHAGEN
ESPELKAMP
Bohmte
Ostercappeln
Hille
MINDEN
LÜBBECKE
Bad Essen
PREUSSISCH-OLDENDORF
Hüllhorst
PORTA WESTFALICA
BAD OEYNHAUSEN
Rödinghausen
Bissendorf
MELLE
BÜNDE
Kirchlengern
LÖHNE
VLOTHO
Hiddenhausen
ENGER
SPENGE
HERFORD
DISSEN am Teutoburger Wald
BORGHOLZHAUSEN
BAD SALZUFLEN
WERTHER (Westfalen)
BIELEFELD
HALLE (Westfalen)
VERSMOLD
LEMGO
TERRA.vita
Maßstab 1:210.000
0
2
4km

Unterwegs im Wittekindland

Fluss- und Berglandschaften, historische Mühlen, Kirchen und pittoreske Fachwerkhauszeilen in Herford und Enger, Gotik und Weserrenaissance in Minden, Solebäder in Bad Salzuflen und Bad Oeynhausen prägen den Landstrich, der die Erinnerung an den sagenumwobenen Sachsenherzog „Wittekind" (Widukind) wachhält.

1 Minden

Der über 100-jährige Dom, die älteste Ratslaube Westfalens und das größte Doppel-Wasserstraßenkreuz der Welt setzen Akzente in der Kreisstadt (82 000 Einw.). Mindens bekannteste Traditionsmarke ist Melitta, für das High-Tech-Unternehmen Harting errichtete Mario Botta ein imposantes Vertriebsgebäude.

SEHENSWERT

Hinter dem roman. Westbau der Dompfarrkirche **St. Petrus und Gorgonius** verbirgt sich einer der schönsten westfäl. Hallenkirchenräume (1267–1290) der Gotik. **Marien-** und **Martinikirche** sowie **Simeons-** und **Mauritiuskirche** in der Oberstadt sind weitere sakrale Zeugen des Mittelalters. Der **Laubengang** (Ende 13. Jh.) des Rathauses ist der älteste in Westfalen. Das **Wasserstraßenkreuz** (ab 1911, Ausbau 1998) mit Schachtschleuse erschließt sich zu Fuß oder per Bootsfahrt.

MUSEEN

Sakrale Schätze des Mittelalters verwahrt die **Domschatzkammer** (Haus am Dom, Kleiner Domhof 30, Mo.–Do. 10.00–17.00, Fr. 10.00 bis 12.00, 15.00–17.00, Sa./So. 10.00–12.00 Uhr). In der klassizist. Defensionskaserne (1829) ist das **Preußenmuseum Nordrhein-Westfalen** untergebracht (Simeonsplatz 12, Di.–So. 11.00 bis 17.00 Uhr). Sechs Weserrenaissance-Häuser (16./17. Jh.) bilden das **Mindener Museum** für Geschichte, Landes- und Volkskunde, u. a. ein Kaffeemuseum (Ritterstr. 23–33, Di.–So. 12.00 bis 18.00 Uhr). Im **Puppenmuseumscafé** kann man inmitten alten Spielzeugs pausieren.

UMGEBUNG

Über der aus 15 Gemeinden gebildeten Stadt **Porta Westfalica** (6 km südl.) liegt auf dem 276 m hohen Wittekindsberg am Ostabhang des Wiehengebirges das Kaiser-Wilhelm-Denkmal mit Panoramablick. Das Gehäuse aus Porta-Sandstein (1892–1896; 88 m) von Bruno Schmitz überwölbt das 7 m hohe Standbild von Kaspar Zumbusch. Im Ortsteil **Hausberge** liegt der Kurpark. Pottspark in **Dützen** (4 km südwestl.) ist ein Freizeit- und Erlebnispark (Ende März–Sept. tgl. 10.00–18.00, Okt. nur bis 17.30 Uhr, www.pottspark-minden.de). Das Besucherbergwerk **Kleinenbremen** (10 km südöstl., März–Okt. Di.–Do., Sa./So. 11.30–17.30 Uhr) vermittelt Aspekte des Arbeitslebens unter Tage. **Schloss Petershagen** (1544–1547; 11 km nördl.) ist ein bedeutendes Bauwerk der Weserrenaissance. Über das Industriemuseum **Gernheim** mit Glasschmelzturm (1826) gelangt man nach **Großenheerse** (7 km nördl.) mit Windmühle (um 1860) und nach weiteren 7 km zum Scheunenviertel in **Schlüsselburg** mit 26 Scheunen des 14. Jhs. Zwischen Weseraue und Bastau brüten Weißstörche, über die das Westfälische Storchenmuseum in **Petershagen-Windheim** informiert (Im Grund 4, März–Okt. Mi.–Fr. 14.00–18.00, Sa./So. 11.00–18.00, Nov./Dez. Sa./So. 14.00–18.00 Uhr, www.westfaelisches-storchenmuseum.de).

INFORMATION

Tourist-Info Minden, Domstr. 2,
32423 Minden, Tel. 0571 829 06 59,
www.mindenmarketing.de

2 Lübbecke

Torfmoor, Fachwerk und Mühlen prägen die Umgebung des 1200 Jahre alten Lübbecke (25 000 Einw.). Historischer Mittelpunkt der Stadt ist die um 1350 zur Hallenkirche erweiterte roman. Urpfarre **St. Andreas** (12. Jh.). Im Alten Rathaus ist das **Stadtmuseum** untergebracht (Am Markt 3, Di. 10.00–20.00, Mi. 11.00–18.00, Do./Fr. 11.00–13.00, 14.30–18.00 Uhr).

UMGEBUNG

Einen Besuch wert ist die **Freilichtbühne Nettelstedt** (5 km östl. Juli/Aug.; Tel. 05741 37 01 92). Durch das Große Torfmoor geht es 4 km weiter nördl. nach **Hille** mit geführten Moorwanderungen und naher Windmühle „Auf der Höchte" (1733). Vom Luftkurort **Preußisch Oldendorf** (10 km westl.) mit spätgot. Hallenkirche und Limbergturm (13. Jh.) erreicht man nördl. entlang der **Westfälischen Mühlenstraße** TOPZIEL (www.muehlenkreis.de) nach 12 km **Stemwede** mit vielen Fachwerkbauten, der Kolthoffschen Mühle in Levern und der Windmühle in Destel, um über die Bockwindmühle Oppenwehe (1705) in **Rahden** die nördlichste Stadt Westfalens zu erreichen, mit Museumshof und der Rossmühle mit Pferdeantrieb (1860).

Moderne Innenraumgestaltung im Botta-Bau

INFORMATION

Verkehrsamt Lübbecke, Kreishausstr. 2–4,
32312 Lübbecke, Tel. 05741 27 60,
www.luebbecke.de

3 Bad Oeynhausen

Im renommierten Staatsbad (48 000 Einw.) mit dem herrlichen Kurpark dienen sieben Heilquellen neben vielen Kliniken und dem Herz- und Diabeteszentrum der Gesundheitsfürsorge.

Im Kaiserpalais in Bad Oeynhausen; Anfahrt auf die Mindener Schachtschleuse; Mahlwerk auf der Weser: die Schiffmühle Minden

SEHENSWERT
Der **Kurpark** mit Wasserattraktionen und altem Baumbestand ist das Werk des Gartenarchitekten Peter Joseph Lenné. Die Kurgebäude stammen großteils aus der Gründerzeit. Das **Gradierwerk** im Sielpark mit Salinenlehrpfad wurde 1990 eingerichtet. 1995 öffnete das **Energie Forum Innovation** im dekonstruktivistischen Gebäudekomplex von Frank Gehry (Mindener Str. 44, Tel. 05221 1 33 41 40).

MUSEEN
Im **Deutschen Märchen- und Wesersagenmuseum** wird die Thematik multimedial aufbereitet (Am Kurpark 3, Mi.–So. 10.00–12.00, 14.00–17.00 Uhr). Im bäuerlichen **Museumshof** sind Haupthaus, Heuerlinghaus, Scheune, Speicher, Backhaus, Mühle und Bauerngarten zu besichtigen (Schützenstr. 35 a, März–Nov. Mi.–So. 10.00–12.00, 14.00–17.00 Uhr).

AKTIVITÄTEN
Zum Entspannen bietet sich das Erlebnis- und Gesundheitsbad **Bali Therme** an (Morsbachallee 5, Tel. 05731 305 30). Spielglück winkt im **Casino** (Mindener Str. 36, Tel. 05731 180 80, Automatenspiel ab 11.00, anderes ab 15.00 Uhr).

UMGEBUNG
Die alte Schiffer- und Tabakstadt **Vlotho** (8 km südöstl.) wird von der Burgruine auf dem Amtshausberg überragt. In den benachbarten „Bauernbädern“ **Bad Seebruch** und **Bad Senkelteich** wird ganz modern gekurt. 10 km weiter östl. liegt die Vierflügelanlage von **Schloss Varenholz** (1591–1600; heute privates Internat). In **Löhne** (4 km westl.) laden Mühlen, Heimatmuseum, Schloss Ulenburg und der Park der magischen Wasser zum Verweilen ein. Im Aqua Magica gibt es u. a. einen begehbaren Wasserkrater (Bürgerpark, Mai–Mitte Okt. tgl. ab 9.00 Uhr, www.aquamagica.de).

INFORMATION
Tourist-Information / Haus des Gastes, Im Kurpark, 32545 Bad Oeynhausen,
Tel. 05731 13 00, www.badoeynhausen.de

4 Herford

In der einstigen Hansestadt (65 500 Einw.) an einer alten Heeresfurt trifft Mittelalter auf Moderne: Die spätroman. Kirche des 789 gegründeten hochadeligen Damenstifts konkurriert mit moderner Architektur. Aus der Region Herford stammen 20 % der deutschen Möbel- und 60 % der Küchenmöbelproduktion.

SEHENSWERT
Seinen Kirchen und Klöstern, einer Marienerscheinung und der Lage am Jakobsweg verdankte das „hyllige Hervorde“ im Mittelalter den Ruf der Heiligkeit. Davon zeugen die einstige Damenstifts- und heutige **Münsterkirche** mit ihrem dreischiffigen Hallenraum (13. Jh., tgl. 10.00–16.00 Uhr), die **Johanniskirche** (14. Jh.) mit Buntglasfenstern und Zunftstühlen, die **Jakobikirche** mit prächtiger Renaissanceausstattung sowie die frühgot. Halle der **Marienkirche** auf dem Lutterberg.

MUSEEN
Im **Daniel-Pöppelmann-Haus**, das an den in Dresden berühmt gewordenen Barockbaumeister (1662–1736) aus Herford erinnert, wird auch die Stadt- und Stiftsgeschichte dokumentiert (Deichtorwall 2, Mi.–Sa. 14.00–18.00, So. ab 11.00 Uhr). Zeitgenöss. Kunstmuseum, Kompetenzzentrum der Möbelindustrie und Veranstaltungsforum in einem ist **MARTa** TOPZIEL (M für Möbel, ART für Kunst und Architektur, a für Ambiente) in einem Bau von Frank Owen Gehry. Es wurde von deutschen Kunstkritikern zum Museum des Jahres 2014 gekürt (Goebenstr. 2–10, Di.–So. 11.00 bis 18.00 Uhr, www.marta-herford.de).

VERANSTALTUNG
Das **Hoekerfest**, wo man früher alte Sachen „verhökerte“, ist ein quirliges Stadtfest (Aug.).

AKTIVITÄTEN
Im Freizeitbad **H2O** kann man die Seele baumeln lassen (Wiesestr. 90, Mo.–Fr. 10.00–22.00, Sa./So. 9.00–22.00 Uhr). Im **Tierpark Herford** (Stadtholzstr. 234, März–Nov. tgl. 10.00–18.00 Uhr) sind verschiedene Wasservögel, aber auch Nandus, Kängurus oder Meerkatzen zu Hause.

UMGEBUNG
Das durch die Geschichte des Sachsenherzogs Widukind bekannte **Enger** (6 km westl.) zeigt im neuen kleinen Widukind-Museum in vorbildlicher, spannend inszenierter Aufmachung alle Aspekte des Widukind-Mythos (Kirchplatz 10, Di.–Sa. 15.00–18.00, So. ab 11.00 Uhr, www.widukind-museum-enger.de). Das vermeintliche Grab des Sachsenherzogs befindet sich in der Dionysiuskirche (Baubeginn 9. Jh.).

In Herford trifft Mittelalter auf Moderne: Die spätromanische Kirche des Damenstifts konkurriert mit moderner Architektur.

Tipp

Erholung pur

Inmitten einer großzügigen Wasserlandschaft mit 28 bis 35 °C warmer, 3 %iger Thermalsole die Seele baumeln lassen oder Wasserattraktionen wie Sprudelliegen, Massagedüsen, Bodenbrodler und Schwallduschen nutzen, am Aerobicprogramm teilnehmen, ausgiebig saunieren oder sich im Beauty- und Wellness-Center verwöhnen lassen: Alles möglich in der VitaSol GesundheitsTherme.

VITASOL GESUNDHEITSTHERME
Extersche Str. 42,
32105 Bad Salzuflen,
Tel. 05222 80 75 40, www.vitasol.de

INFORMATION
Tourist-Info, Linnenbauerplatz 6, 32052 Herford, Tel. 05221 189 15 26, www.herford.de

5 Bünde

Mit dem Fahrrad von der Radstation am IC-Bahnhof erschließt sich die Zigarrenstadt (45 000 Einw.) am Else-Flüsschen am besten. In der Bahnhofstr. 12 steht die mittelalterl. **Laurentiuskirche**. Ganz in der Nähe liegen die Fachwerkbauten **Hof Rahning** (1677) und **Haus Dahlkötter** (vermutlich 1555). Das **Museum Bünde** vereint Ausstellungen zu den Themen Geologie, Tabak und Regionalgeschichte (Fünfhausenstr. 8–12, Di.–Fr. 14.00 bis 18.00, Sa./So. 11.00–18.00 Uhr).

UMGEBUNG
Auf dem Weg nach **Rödinghausen** (6 km nördl.) liegt **Gut Böckel** (14. Jh.), wo Rainer Maria Rilke bei der befreundeten Schriftstellerin Hertha Koenig 1917 seinen „westfälischen Sommer" verlebte. **Randringhausen** (5 km nordöstl.) ist durch seine Jod-Schwefel-Quellen bekannt.

INFORMATION
Tourist-Information Bünde, Bahnhofstr. 15, 32257 Bünde/Westf., Tel. 05223 16 14 94, www.buende.de

6 Bad Salzuflen

Für seine Thermalsole und schöne Renaissance-Bürgerhäuser ist das seit 2013 als Kneipp-Kurort zertifizierte Bad Salzuflen (53 000 Einw.) im lippischen Bergland bekannt.

SEHENSWERT
Streifzüge durch die reizvolle **Altstadt** führen zum ältesten Haus (1520; Wenkenstr. 10 a) und an den Fachwerkhäusern der Langen Straße vorbei zum Platz Salzhof mit Brunnendenkmal für die nahe Paulinenquelle. Am **Markt** fallen das Alte Rathaus (16. Jh.) und die renaissancehaften Bürgermeisterhäuser ins Auge. Von der Stadtmauer (15. Jh.) blieb ein Mauerzug mit dem **Katzenturm** erhalten. Die erhöht liegende **Stadtkirche** wurde von der Spätgotik bis zum Barock in einen Saalbau umgewandelt.

AKTIVITÄTEN
Das **ErlebnisGradierwerk** am Kurpark ist innen und außen begehbar. Hier kann man Sole-Luft atmen und sich in der Nebelkammer bei entspannender Musik sanft „einsalzen" lassen (April–Okt. tgl. 10.00–18.00 Uhr).

VERANSTALTUNG
Zum **Salzsiederfest** (Anf. Mai) in der Altstadt gehört auch ein Kunsthandwerkermarkt.

INFORMATION
Tourist Information, Parkstr. 20, 32105 Bad Salzuflen, Tel. 05222 18 31 83, www.bad-salzuflen.de

Genießen Erleben Erfahren

DuMont Aktiv

Im Wasser auf und ab

Sind Sie schon mal mit dem Schiff Aufzug gefahren? Wenn nicht, dann probieren Sie es aus – rund um das größte Doppel-Wasserstraßenkreuz der Welt, in der Nähe von Minden, wo sich Weser und Mittellandkanal kreuzen. Bei der spektakulären Schleusung überwinden die Fahrgastschiffe einen Höhenunterschied von dreizehn Metern in wenigen Minuten.

Die „Kanal-Weser-Rundfahrt" verläuft an der historischen Fischerstadt vorbei, die Weserpromenade entlang und über die alte und neue Kanalbrücke, Berg- und Talschleusung sind eingeschlossen. Möchten Sie außerdem das Monument der Porta Westfalica vom Wasser aus betrachten, lohnt sich die Tour „Minden – Porta Westfalica – Minden" über die Weser und den Mittellandkanal sowie durch die fast einhundert Jahre alte Schachtschleuse.

Die Nostalgiefahrt „Mühlenausflug Südhemmern" führt auf Wasser- und Schienenwegen in den Mühlenkreis mit seinen historischen Mahlwerken. Von der Schachtschleuse bringt Sie das Schiff zur Mühle Südhemmern, wo in Steinöfen diverse Köstlichkeiten nach Hausmacherart gebacken werden. Danach zuckeln Sie mit der Dampfeisenbahn zurück. Vom Mindener Bahnhof sind es nur rund fünfzehn Gehminuten bis zur Schachtschleuse. Eine Attraktion der besonderen Art ist außerdem eine Fahrt mit dem Raddampfer „Wappen von Minden" zu Zielen in der Region, ins Weserbergland oder bis nach Bremen.

Weitere Informationen

Mindener Fahrgastschiffahrt
Tel. 05 71 / 6 48 08 00,
www.mifa.com

Romantisch ist auch die einstündige Fahrt von Höxter zum UNESCO-Weltkulturerbe Kloster Corvey (Flotte Weser).
Flotte Weser GmbH & Co. KG, Tel. 05021 91 93 14, ***www.flotte-weser.de***

Wie Autobahnen kreuzen sich bei Minden die Wasserwege – am besten erleben lässt sich der Schiffsverkehr, wenn man selbst an Bord geht.

Lokalstolz und Weltoffenheit

Bielefeld, das häufig unterschätzte Zentrum, eine der zwanzig größten Städte Deutschlands, zieht viele in seinen Bann: Kulturbegeisterte, Einkaufslustige und sogar Naturliebhaber. Der Mix aus Industrietradition, Innovationslust, Lokalstolz und Weltoffenheit prägt die gesamte Region.

Beliebter Bürgertreff im Bielefelder Westen: der Siegfriedplatz – liebevoll Siggi genannt – samt Bistro „Supertram" und Biergarten

Gut 60 m über Bielefelds Stadtzentrum: die Sparrenburg, das Wahrzeichen der Stadt

Das 1904 eingeweihte Alte Rathaus erhielt in den 1980er-Jahren einen modernen Anbau.

Geschäftiges Treiben und geruhsame Lebensart prägen das Straßenbild in der Altstadt.

Ende Juli wird beim Sparrenburgfest Jahr für Jahr das Mittelalter lebendig.

Jahrhundertelang hing die Existenz Bielefelds am leinenen Faden: Das Textilgewerbe garantierte für den Wohlstand. Anfänglich waren Leinenspinnerei und -weberei nur eine bäuerliche Nebenarbeit im Winter, meist für den Eigenbedarf, doch ab dem 16. Jahrhundert vertrieben Bielefelds Kaufleute das grobe Linnen verstärkt in die Küstenregionen, zur Ausrüstung der Segelschiffe. Gleichzeitig wurde feineres Leinen für den gehobenen Bedarf erzeugt. Im 17. Jahrhundert, als Bielefeld unter die Herrschaft des brandenburgischen Kurfürsten kam, genoss das Leinen bereits einen hervorragenden Ruf und konnte sich auch bei der preußischen Uniformhemdenherstellung profilieren. Zur Qualitätssicherung erhielt Bielefeld 1678 eine Legge genannte staatliche Prüfstelle mit Siegel als zusätzliche Einnahmequelle.

Strahlend weißes Leinen

Wie es das Bronzedenkmal (1909) auf dem Altstädter Kirchplatz zeigt, wurde das Leinen in einer Kiepe, einem großen Rückentragekorb, befördert. Immer mehr Bleichplätze waren nötig, um das feine Tuch strahlend weiß zu bekommen, bis ins holländische Haarlem wurde es zum Bleichen verschickt. Von gelegentlichen Rückschlägen durch Kriegsereignisse abgesehen, entwickelte sich die Wirtschaft stetig aufwärts, bis in den ersten Jahrzehnten des 19. Jahrhunderts die billigere englische Konkurrenz sowie die Einführung des mechanischen Webstuhls den Bielefeldern das Geschäft verdarben. Doch schnell passten sie sich dem Strukturwandel an und gründeten u.a. 1857 die Aktiengesellschaft Ravensberger Spinnerei, gefolgt von der Bielefelder Aktiengesellschaft für mechanische Weberei.

Vom Leinen zum Pudding

Diese Großfabriken hinter schmucken Fassaden im Historismusstil waren anfangs bei den Arbeitern nicht beliebt, konnten Beschäftigung aber eher sichern

Besucher der „Dr. Oetker Welt" können die Marke mit allen Sinnen entdecken. Am Ende des Rundgangs spendiert das „Puddingwunder" frisch zubereiteten Vanillepudding.

Ein Abguss von Auguste Rodins „Denker" begrüßt Besucher …

… der 1968 von Philip Johnson erbauten Kunsthalle Bielefeld.

Bodelschwingh

Special

Genialer Bettler

So nannte Bundespräsident Theodor Heuss den preußischen Adeligen Friedrich von Bodelschwingh, Begründer der evangelischen Diakonie, der in Bethel eine Stadt der Barmherzigkeit schuf.
Arbeits- und Obdachlose, psychisch Kranke und Körperbehinderte fanden in Bethel zu Menschlichkeit und Würde zurück. Heute sind die von Bodelschwinghschen Anstalten Europas größte Diakonieeinrichtung. Aus dem ersten Pflegehaus ist eine Kleinstadt geworden. Den Pflegeeinrichtungen sind Ausbildungsstätten und Fachschulen angeschlossen. Die Betreuung von Epileptikern und Aidspatienten sowie die stationäre Hospizarbeit sind Schwerpunkte der Diakonie, wobei die Fürsorge stets in Achtung der Autonomie des Einzelnen geschehen soll.

als mancher Kleinunternehmer, zumal zuliefernde und weiterverarbeitende Betriebe folgten. Nähmaschinen waren plötzlich en vogue, dann folgten Fahrräder, verbunden mit den Markennamen Adler und Phoenix, Dürkopp und Anker. Schließlich siedelten sich Werkzeug- und Maschinenfabriken an. Auch die Genussmittelhersteller fanden rasch Abnehmer und erweiterten ihre Produktpalette, allen voran der rührige Bäckerlehrling und Apotheker August Oetker, der solange experimentierte, bis sein verbrauchsgerecht abgepacktes Backpulver für Bäcker und Hausfrauen zur unentbehrlichen Zutat wurde und den Grundstock legte für einen Nahrungsmittelkonzern von Weltruf. Viele Industriezweige benötigten Verpackungsmaterial, das ebenfalls vor Ort hergestellt wurde. In Verbindung damit entstanden grafische Betriebe, aus denen letztlich die Bielefelder Druck- und Verlagshäuser hervorgingen, die hauptsächlich Schul- und Sachbücher herausgaben. Die alten Fabrikhallen, oft schlossähnliche Bauten, sind längst modernen Industrie- und Gewerbeparks gewichen. Unter Denkmalschutz gestellt, macht sich manche Werkshalle, wie die der riesigen Ravensberger Spinnerei, heute als Forum für Museen, Kulturveranstaltungen aller Art oder die Erwachsenenbildung nützlich.

Urbaner Charme

Der wirtschaftliche Wandel hat zusammen mit den Zerstörungen des Zweiten Weltkriegs diverse Lücken in Bielefelds historische Bausubstanz gerissen und manches Quartier voller Tristesse hervorgebracht, wie es dem Betrachter die Areale Kesselbrink, Bahnhofstraße und Ostwestfalendamm vor Augen führen. Dafür entschädigen zwischen Jahnplatz, Altem Markt und Spiegels Hof hübsche Plätze mit stattlichen Bürgerhäusern, schicke Geschäfte und lebhafte Straßencafés. Auch ein Spaziergang durch die üppig begrünten Villenviertel am Johannisberg macht sichtbar, wie urbaner Charme, ländliche Geruhsamkeit und individuelle Lebensart eine glückliche Verbindung eingehen können. Kulturinteressierte finden an den verschiedenen Theatern und modernen Operninszenierungen oder interessanten Ausstellungen in der Kunsthalle ebenso Gefallen wie an herausragenden Konzertabenden in der Rudolf-Oetker-Halle. Sportbegeisterte steuern hingegen eher die Seidensticker-Halle an, ganz zu schweigen selbstverständlich vom über hundertjährigen Fußballverein Arminia, der in der Schüco-Arena sein Bestes gibt. Dem Sponsoring der Unternehmen verdankt die Großstadt am Teutoburger Wald bis heute zahl-

„Stadt der schönen Giebel“ wird Rietberg wegen seiner Fachwerkhäuser genannt. Ein besonderes Prachtstück ist das Rathaus.

Weserrenaissance bei Halle/Westf.: Wasserschloss Tatenhausen, erbaut auf dem Fundament der Burg Hoberg aus dem 14. Jahrhundert

Bei einem Reitturnier der Turniergemeinschaft Tatenhausen

reiche kulturelle Impulse. Geistesgegenwart ist seit 1969 durch die Universität garantiert, ein Beispiel für die „Reformunis" der späten 1960er-Jahre in Form eines Campus, der sich weit außerhalb des alten Zentrums seit 1972 wie eine kleine Planstadt für derzeit 22 000 Studierende darstellt: Um ein riesiges Atrium als Kommunikationszentrum des Komplexes, mit Shopping-Meile, Mensen und Schwimmhalle, gruppieren sich die verschiedenen Institutsgebäude.

Blick zurück

In der heute so selbstbewussten Region im nördlichen Ostwestfalen haben die tatkräftigen Bewohner, historisch gesehen, manches ihren weitsichtigen Landesherren zu verdanken. Zuvorderst begannen die Grafen von Ravensberg von ihrer namengebenden Burg aus – heute eine malerische Ruine – seit Mitte des 12. Jahrhunderts Rodungssiedlungen anzulegen und Städte zu gründen. Von ihnen erhielt das verkehrsgünstig gelegene Bielefeld 1214 Stadtrechte, und nach Errichtung der Sparrenburg – als rote Zinnenmauer mit zwei Türmen und Sparrenschild heute noch Bestandteil des Stadtwappens – verlegten sie ihre Residenz dorthin. Dem lukrativen Angebot der Grafen von persönlichen Freiheiten, Zollerlass, billigem Baugrund und Selbstverwaltung folgten Kaufleute aus Münster, Handelsleute aus Gütersloh, Schildesche, Halle, Melle und Lage. Damit war der Aufschwung gewährleistet, und als die Ravensberger 1346 ausstarben, konnten die Grafen von Jülich und Berg ein blühendes Gemeinwesen übernehmen, das ab 1380 der Hanse angehörte.

Von den Landesherren wenig drangsaliert, prosperierte Bielefeld weiter, führte 1543 bis 1553 behutsam die Reformation ein und florierte auch ab 1648 unter den Hohenzollern. Als im letzten Drittel des 18. Jahrhunderts Dortmund und Soest nur 4000 Einwohner zählten, als Osnabrück und Münster um ihre Existenz rangen, als die Bürger von

Industriedenkmal: der Wasserturm in Gütersloh, der heute ein Jugendcafé beherbergt

Malerisches Fachwerk
auch am Alten Kirchplatz in Gütersloh

Die Bürgerhäuser von Wiedenbrück werden von der Ägidiuskirche bewacht.

Der Park von Schloss Rheda ist frei zugänglich, das Schloss ist privat bewohnt.

Minden, Herford, Lemgo und Lippstadt ihre Kühe auf die Weide trieben, um das nackte Leben zu sichern, wurde in Bielefeld bereits die erste Aktiengesellschaft gegründet.

Miniaturländchen

Ganz so dynamisch verlief die Entwicklung in der Grafschaft Rietberg nicht, dafür hat sie als Miniaturländchen bis zum Ende des Heiligen Römischen Reiches überlebt. Graf Konrad I. baute die Siedlung im Schatten seiner Burg zwischen 1240 und 1280 zur befestigten Stadt aus und machte sie zum Mittelpunkt seiner Landesherrschaft, sogar mit einer eigenen Münzprägestätte. Bis heute hat sich Rietberg mit seinem üppigen Fachwerkbestand die Atmosphäre eines historischen Residenzstädtchens bewahren können.

Global Player

Am oberen Emslauf gibt es schon von jeher zwei weitere kleine, benachbarte Territorien: das einst durch die Landesburg Reckenberg gesicherte Gebiet um Wiedenbrück und die Herrschaft der Edelherren von Rheda. Letztere fiel später an die Grafen von Tecklenburg, und 1557 erbten die Grafen von Bentheim Rheda, das 1815 im Landkreis Wiedenbrück der neuen preußischen Provinz Westfalen aufging. Den Grafen versüßte Preußen ihren Souveränitätsverlust durch die Erhebung in den Fürstenstand, und so kommt es, dass der Fürst zu Bentheim-Tecklenburg bis heute auf dem eindrucksvollen Wasserschloss Rheda residiert.

Ein Newcomer dagegen ist die Bertelsmann AG mit ihrem Medienimperium, das auf Carl Bertelsmann (1791–1850) und seinen 1835 in Gütersloh gegründeten gleichnamigen Verlag mit eigener Buchdruckerei zurückgeht. Aus den bescheidenen Anfängen entwickelte sich im Verlauf von mehr als 180 Jahren eines der größten Medienunternehmen weltweit – ein Global Player in Ostwestfalen-Lippe.

HERMANNSHÖHEN

Wandern mit Höhepunkten

Zwei traditionsreiche Routen, Hermannsweg und Eggeweg, ergeben zusammen die Hermannshöhen – mit ihrer einzigartigen Wandervielfalt einer der zehn attraktivsten Fernwanderwege Deutschlands.

Nahtlos fügen sich der Hermanns- und der Eggeweg zu den Hermannshöhen aneinander, 226 Kilometer von Rheine im Münsterland bis Marsberg im Sauerland. Über den Kamm von Teutoburger Wald und Eggegebirge führt der Weg, vier Fünftel davon durch Naturparks, gesäumt von touristischen Höhepunkten und markiert mit weißem H bzw. X auf schwarzem Grund.

Schritt für Schritt bleiben Stress und Hektik zurück, wenn man in Rheine in die alte Kulturlandschaft des Münsterlandes eintaucht. Am „Nassen Dreieck" bei Bevergern, wo sich Dortmund-Ems- und Mittellandkanal kreuzen, beginnt der noch schmale Höhenzug des Teutoburger Waldes, und wir steigen zu einem ersten Höhepunkt an: dem „Hockenden Weib", Teil der bizarren Dörenther Klippen. Dann rückt das mittelalterliche Tecklenburg ins Bild. Lichte Buchenwälder und aufgelassene Steinbrüche begleiten den Weg bis Bad Iburg. Zwischen Hilter und Borgholzhausen schweift der Blick häufig in die Ferne, bis der Weg aus der Stollener Schlucht steil ansteigt zum Aussichtsturm Steinegge und zum Luisenturm.

Hermann und die Externsteine

Über Burg Ravensberg und die „Schwedenschanze" geht es Richtung Bielefeld. Gleich hinter der Sparrenburg taucht man wieder unter das dichte Dach des Buchenwalds. In Richtung Oerlinghausen bietet der „Eiserne Anton" einen schönen Ausblick. Es folgen die Rethlager Quellen, deren Wasser durch eine bis zu 20 Meter tiefe Schlucht rauscht. Donoper- und Krebsteich sind Herzstücke des Naturschutzgebiets bei Detmold, und endlich erscheint auch der Namensgeber des Wanderwegs, als 54 Meter hohes Denkmal.

Kurz vor Horn-Bad Meinberg tauchen die Externsteine auf. Wir wandern nun auf dem Eggeweg, durch das romantische Silberbachtal und weiter zur Preußischen Velmerstot, mit 468 Metern höchste Erhebung der Route. Entlang der Steilkante des Egge-Osthanges geht es zur Burgruine Iburg, wo der Kaiser-Karl-Turm herrliche Blicke auf das nahe Bad Driburg bietet.

Bevor die Hermannshöhen im sauerländischen Marsberg enden, gibt es noch einige Naturdenkmäler zu entdecken, die wildromantische Schlucht der „Alten Eisenbahn" zum Beispiel. Am Klippen- und Felsenmeer gibt sich die Egge noch mal schroff, ehe der Weg hinabführt ins liebliche Schwarzbachtal. Durch Wiesen und Felder, vorbei an malerischen Höfen geht es in Richtung Marsberg, zurück ins urbane Leben.

Bestens markiert: Wanderer können sich auf dieser Strecke kaum verlaufen – sie müssen einfach nur auf das „H" bzw. „X" achten.

Zur Abwechslung Kraxel- statt Wanderspaß: die Dörenther Klippen bei Ibbenbüren

Pures Wandervergnügen

Für **Sportwanderer** ist die 226 km lange Route in 10 Etappen aufgeteilt. **Genusswanderer** können es mit 18 Tagesetappen à durchschnittlich 17,5 km gemütlicher angehen lassen.
Die Tour muss natürlich nicht am Stück absolviert werden. Über **60 Einstiege** ermöglichen eine kurze Auszeit in der Natur. Viele davon sind mit öffentlichen Verkehrsmitteln erreichbar.

www.hermannshoehen.de

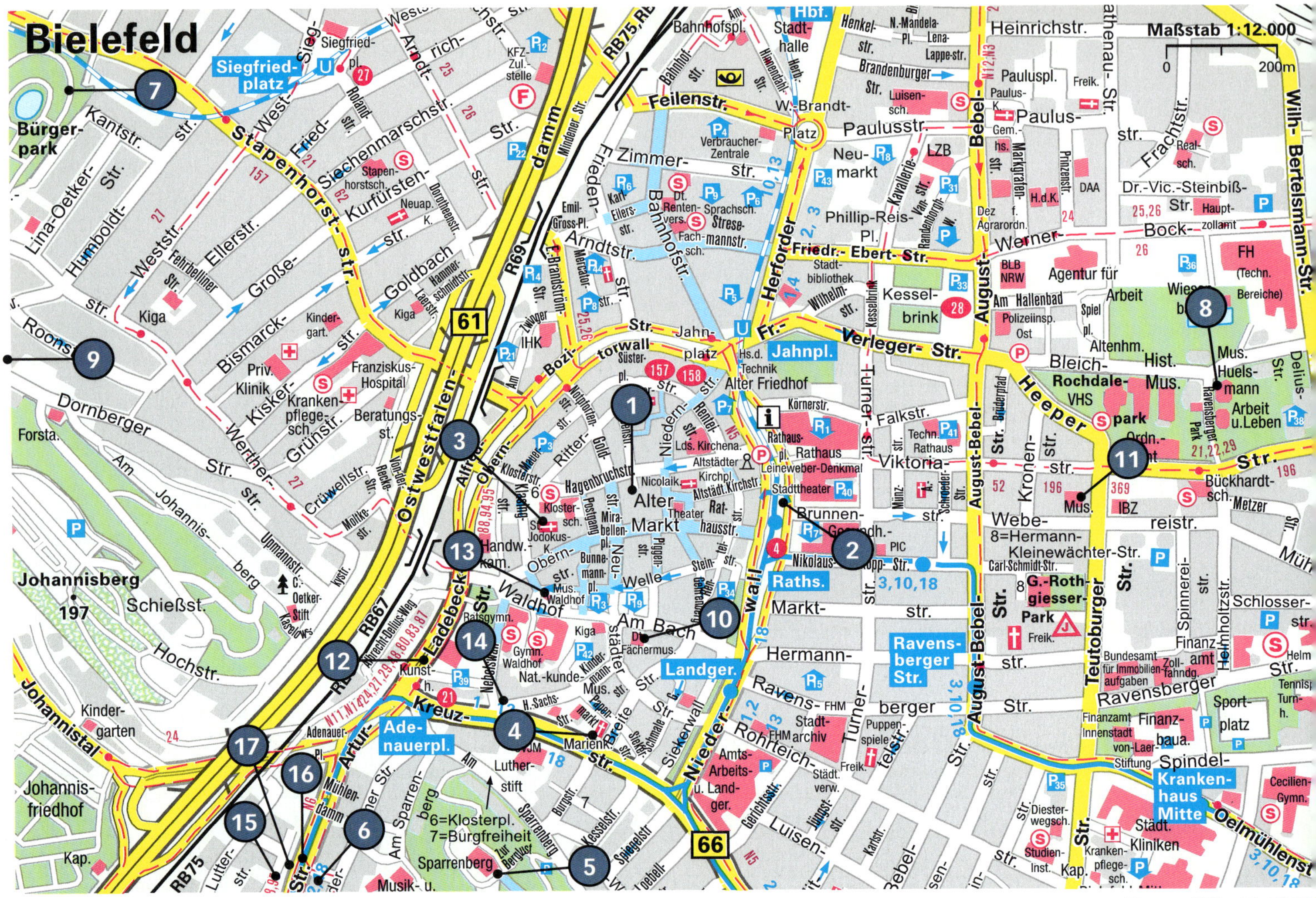
Bielefeld
Maßstab 1:12.000
0
200m
Siegfriedplatz
Bürgerpark
Stapenhorststr.
Jahnpl.
Alter Markt
Raths.
Landger.
Adenauerpl.
Ravensberger Str.
Kesselbrink
Kreuzstr.
Krankenhaus Mitte
Oelmühlenstr.
Johannisberg
197
Johannisfriedhof
Kindergarten
6=Klosterpl.
7=Burgfreiheit
Sparrenberg
FH (Techn. Bereiche)
Rochdale-Park
Hist. Mus.
Arbeit u.Leben
Bleichstr.
Heeper Str.
Teutoburger Str.
August-Bebel-Str.
Herforder Str.
Ostwestfalendamm
Niederwall
Friedr.-Ebert-Str.
Verleger-Str.
Dornberger Str.
Johannistal
Hochstr.
Schießst.
Heinrichstr.
Paulusstr.
Neumarkt
Feilenstr.
Zimmerstr.
Altstädter Kirchpl.
Hagenbruchstr.
Obernstr.
Ritterstr.
Waldhof
Am Bach
Hermannstr.
Ravensberger Str.
Sportplatz
1
2
3
4
5
6
7
8
9
10
11
12
13
14
15
16
17
61
66

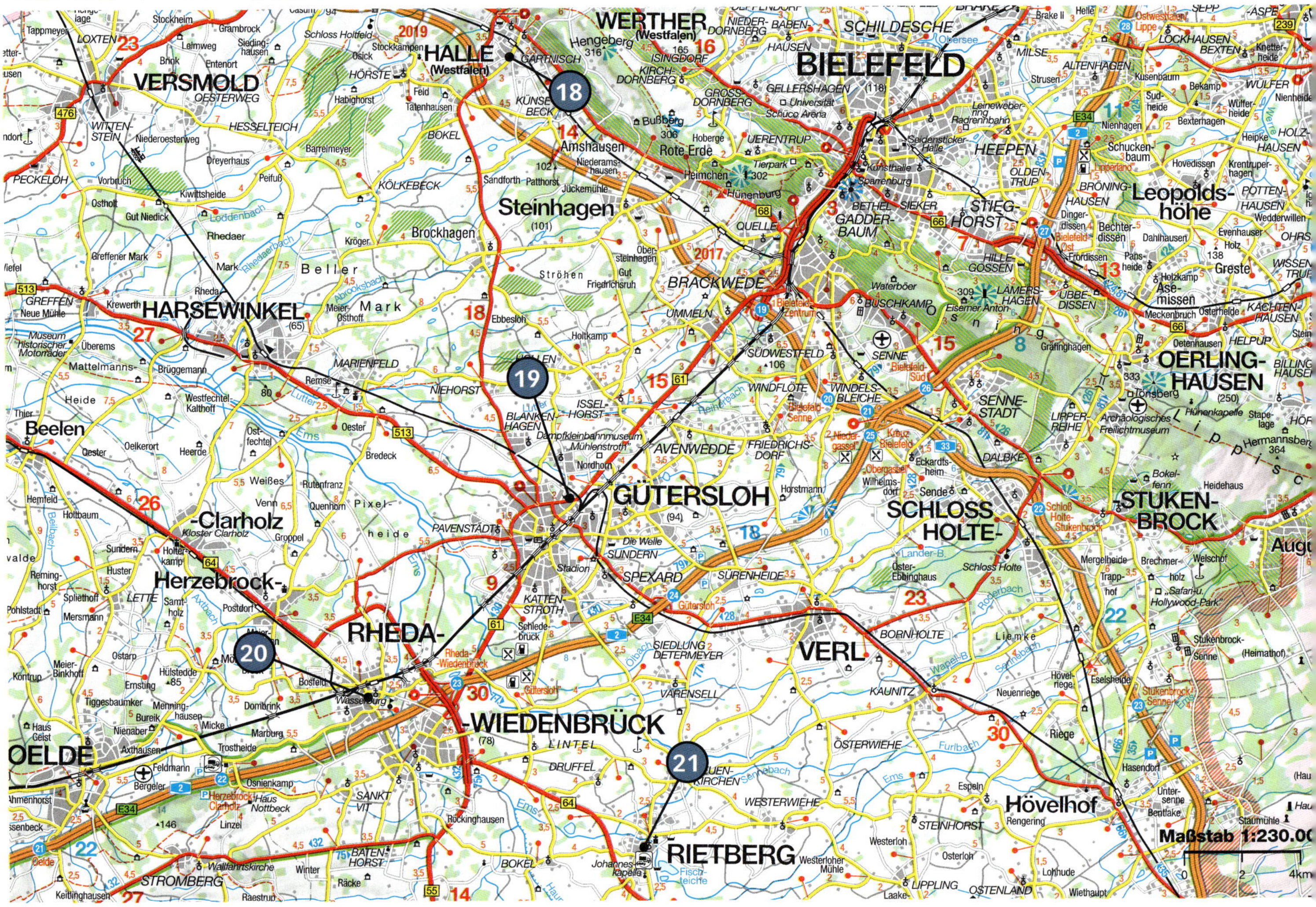
WERTHER (Westfalen)
BIELEFELD
SCHILDESCHE
HALLE (Westfalen)
VERSMOLD
Steinhagen
Amshausen
Rote Erde
HEEPEN
Leopoldshöhe
STIEGHORST
GADDERBAUM
BRACKWEDE
SENNE
OERLINGHAUSEN
HARSEWINKEL
Beelen
Clarholz
Herzebrock-
RHEDA-
WIEDENBRÜCK
GÜTERSLOH
SCHLOSS HOLTE-
STUKENBROCK
VERL
Hövelhof
RIETBERG
OELDE
AVENWEDDE
SENNESTADT
Brockhagen
Isselhorst
Marienfeld
STROMBERG
Maßstab 1:230.000
0
2
4km
18
19
20
21

Leinen, Pudding und Multimedia

Bielefeld und Gütersloh verbinden die meisten Menschen mit weltbekannten Marken, beispielsweise Oetker, Miele, Seidensticker oder Bertelsmann. Doch die Zisterzienserabtei Marienfeld, das Schloss Rheda und die wunderschöne Altstadt von Rietberg sind die kulturgeschichtlichen Perlen der Region.

1 – 17 Bielefeld

Die Mischung aus Alt und Neu prägt das Wirtschafts- und Kulturzentrum (330 000 Einw.) Ostwestfalen-Lippes. Ab 1380 Hansemitglied, entwickelte sich Bielefeld zum Zentrum der Leinenfertigung. Die v. Bodelschwinghschen Anstalten sorgten ab 1867 für die Schwachen und Kranken. 1930 wurde Bielefeld durch Eingemeindungen zur Großstadt, 1944 stark zerstört, danach vielfach modern wieder aufgebaut, 1969 Universitätssitz und 1973 kreisfrei.

SEHENSWERT

Mittelpunkt der Altstadt ist der 1 **Alte Markt** mit Merkurbrunnen und Patrizierhäusern, darunter das Crüwell-Haus (1530) mit prächtigem Stufengiebel der Spätgotik und Delfter Kacheln (16.–18. Jh.) als Teil der Innenausstattung. Die nahe **Altstädter Nikolaikirche** (14. Jh.) als got. Halle ist die älteste der Stadt, mit kostbarem Antwerpener Schnitzaltar (1524, Glockenspiel 9.58, 12.58, 15.58, 18.58 Uhr). Über den Niederwall gelangt man zum **Alten Rathaus** (1904). Daneben liegt das von Bernhard Sehring erbaute 2 **Stadttheater** (1904) mit Jugendstilfassade. Südlich des Alten Markts dokumentiert die **Archäo Welle** (Am Bach 18) in einem Grabungsschnitt die Zeitspanne von der Stadtgründung 1214 bis zur Kriegszerstörung 1944. 3 **St. Jodokus** (Klosterplatz 1) war einst die Kirche des Franziskanerklosters (1511). Die doppeltürmige 4 **Neustädter Marienkirche** (Ende 13./14. Jh.) ist eine kreuzförmig angelegte got. Hallenkirche. Südlich erklimmt man die 5 **Sparrenburg** mit Rundblick vom Turm (Urspr. 13. Jh.; Restaurant). Die heute sichtbaren Bauten stammen meist aus dem 19. Jh. Ein Gängesystem durchzieht noch heute den Burgberg (Nov.–März Sa./So. 11.00–18.00 Uhr).

Das Diakoniezentrum der v. Bodelschwinghschen Stiftungen südlich der Sparrenburg bildet als 6 **Bethel** einen eigenen Stadtteil mit Museum (Haus Alt-Ebenezer, Kantensiek 9, Di. bis Do. 15.00–17.00 Uhr). Die ehem. Martini-Kirche (19. Jh.) beherbergt seit 2005 ein Restaurant („GlückundSeligkeit", Artur-Ladebeck-Str. 57). Über die Stapenhorststraße gelangt man knapp 2 km westl. zum 7 **Bürgerpark** mit See und nach weiteren 2 km zur Universitätsstraße mit dem **Campus.** Ca. 2 km südwestl. liegt der herrliche **Botanische Garten**.

Wunderschöne Bauten säumen den Alten Markt in Bielefeld – da kann man auch gut mal eine Pause einlegen.

MUSEEN

In der Ravensberger Spinnerei (1855–1862) ist heute das 8 **Historische Museum** untergebracht (Ravensberger Park 2, Mi.–Fr. 10.00 bis 17.00, Sa./So. 11.00–18.00 Uhr). Europäisches Kunsthandwerk von der Renaissance bis zur Gegenwart ist im 8 **Museum Huelsmann** in der ehem. Direktorenvilla ausgestellt (Ravensberger Park 3, Di.–Sa. 14.00–18.00, So. ab 11.00 Uhr). Geschichte wird im 9 **Bauernhaus-Museum** lebendig (Dornberger Str. 82, Feb.–Dez. Di.–Fr. 10.00–18.00, Sa./So. ab 11.00 Uhr). Fächer aus fünf Jahrhunderten sind im 10 **Deutschen Fächermuseum** zu sehen (Am Bach 19, Mi., Do. 14.30–17.30 Uhr). Das Museum 11 **Wäschefabrik** dokumentiert die Arbeit in der Wäscheindustrie (Viktoriastr. 48 a, So. 11.00–18.00 Uhr). Die 1966 bis 1968 nach Plänen des Architekten Philip Johnson erbaute 12 **Kunsthalle** präsentiert Malerei, Skulpturen und Zeitgenössi-

Tipp

Burgfest

Viele Repräsentanten der Ständegesellschaft längst vergangener Zeiten treten beim Bielefelder Sparrenburgfest auf, wenn Ende Juli ein Wochenende lang auf der Burg der Ravensberger Grafen das Mittelalter lebendig wird. Alte Handwerkskünste und buntes Markttreiben in historischen Gewändern gehören dazu, umrahmt von Tanz und Gesang. Für Speis und Trank ist ebenfalls gesorgt.

sches (Artur-Ladebeck-Str. 5, Di., Do., Fr., So. 11.00–18.00, Mi. 11.00–21.00, Sa. 10.00–18.00 Uhr). Wechselnde Ausstellungen zeitgenössischer Kunst zeigt das 13 **Museum Waldhof** (Welle 61, Do., Fr. 15.00–19.00, Sa./So. 12.00 bis 19.00 Uhr). Naturkunde spielt sich im 14 **namu** (Natur Mensch Umwelt) ab (Kreuzstr. 20, Mi.–So. 10.00–17.00 Uhr). Zum Entdecken und Genießen lädt die 15 **Dr. Oetker Welt**. Hier wird man über Geschichte, Produktion und Produkte des Unternehmens informiert, kann aber auch selbst aktiv werden (nur nach vorheriger Anmeldung, Lutterstraße 14, Mo.–Sa. 9.30–19.45 Uhr, www.oetker.de/dr-oetker-welt). Der 16 **Museumshof Senne** mit Fachwerkhäusern zeigt traditionelle Handwerke (Buschkampstr. 75, www.museumshof-senne.de). Das 17 **Museum Osthusschule** gibt Einblick ins Schulwesen anno dazumal (Senner Str. 255, Di. 15.00–19.00 Uhr).

KULTURLEBEN

Das **Theater Bielefeld** präsentiert im Theater am Alten Markt (Alter Markt 1), Stadttheater (Niederwall 27) und Theaterlabor im Dürkopp Tor 6 (Hermann-Kleinewächter-Str. 4) Stücke (www.theater-bielefeld.de). Zwei Puppentheater bespielen die Bühne im **Zentrum Bielefelder Puppenspiele** (Kultur und Kommunikationszentrum Sieker, Meisenstraße 65). Die **Rudolf-Oetker-Halle** ist Heimat des Philharmonischen Orchesters (Lampingstr. 16).

VERANSTALTUNGEN

Der berühmte Fußballplatz, die Alm, heute **Schüco-Arena**, ist die Heimat von Arminia Bielefeld. Feste sind der **Leineweber-Markt** (Ende Mai) mit Kleinkunst, Pop und Folklore sowie das **Sparrenburgfest** (Ende Juli).

UMGEBUNG

Die Pfarrkirche im nördlichen Stadtteil **Schildesche** (um 1330–1350) besitzt neben dem spätgot. Schnitzaltar ein reizvolles Sakramentshäuschen. Westl. der Innenstadt liegt der **Heimat-Tierpark Olderdissen**. In **Oerlinghausen** (12 km südöstl.) wird im Archäologischen Freilichtmuseum frühgeschichtlicher Alltag lebendig (Am Barkhauser Berg 2–6, April–Okt. Mo.–Fr. 9.00–18.00, Sa./So. ab 10.00, Okt. werktags nur bis 16.00, Nov.–März Mo.–Fr. 9.00 bis 18.00 Uhr). In **Schloß Holte-Stukenbrock** (19 km südöstl.) mit den Quellen der Ems informiert das Heimathaus über Siedlungsgeschichte. Das Dokumentationszentrum über das ehem. Kriegsgefangenenlager Stalag 326 liegt im Stadtteil **Stukenbrock-Senne**. Das Renaissance-Wasserschloss Holte der Rietberger Grafen (1616) ist in Privatbesitz. Besuchermagnet ist der **Safaripark Stukenbrock** TOPZIEL mit Großwild-Safariland, das man mit dem eigenen Auto oder dem Safaribus erkunden kann; außerdem Wildwasserfahrten, Looping-Achterbahnen etc. (April–Okt. tgl. 10.00–18.00, Juli bis 19.00 Uhr, www.safaripark.de).

INFORMATION

Tourist-Information im Neuen Rathaus, Niederwall 23, 33602 Bielefeld, Tel. 0521 51 69 99, www.bielefeld.de

Fachwerkportal in Rietberg; Blickfang im Theater Gütersloh: die nach oben weiter werdende Wendeltreppe

18 Halle (Westfalen)

Linden und Stadtwald durchziehen die als Rasentennis-Grand-Prix-Austragungsort bekannt gewordene Kleinstadt (20 700 Einw.).
Um die got. **Johanniskirche** säumen historische Fachwerkhäuser den Kirchplatz. Im ältesten Haus der Stadt (Am Kirchplatz 3) präsentiert das **Museum für Kindheits- und Jugendwerke** frühe Bilder bekannter Künstler: u. a. Dürer, Klee, Picasso und Chagall.

VERANSTALTUNG

Das internationale **Rasentennisturnier** Gerry Weber Open (Juni) zieht viele Besucher an.

UMGEBUNG

Im Fleischwarenindustriezentrum **Versmold** (15 km westl.) zeigt das Heimatmuseum Lokalgeschichte. Die Burgruine Ravensberg mit Turm (80 Stufen) und der hölzerne Luisenturm (21 m) auf dem Johannisberg bei **Borgholzhausen** (7 km nordwestl.) bieten Rundblicke. Das Ackerbürgerhaus (1799) im Zentrum zeigt die weltgrößte Sammlung von Riesen-Ammoniten. Im nördl. Ortsteil **Barnhausen** liegt Haus Brinke (1674), im südl. Ortsteil **Holtfeld** ein Renaissance-Wasserschloss von 1602. Das Elternhaus mit Werken von Peter August Böckstiegel (1889–1951) steht in **Werther-Arrode** (4 km nordöstl.). Das **Wasserschloss Tatenhausen** (3 km südl.) repräsentiert den Weserrenaissancestil. Der berühmte Steinhäger stammt aus **Steinhagen** (10 km südöstl.), wo in der ehem. Brennerei Schlichte ein Museum über den Wacholderschnaps informiert.

INFORMATION

Stadt Halle (Westf.), Ravensberger Str. 1, 33790 Halle (Westf.), Tel. 05201 18 30, www.hallewestfalen.de

19 Gütersloh

Bertelsmann und Miele sind die Links zur weiten Welt in der Kreisstadt (99 780 Einw.), die ansonsten mit üppigem Grün westfälische Bodenständigkeit ausstrahlt. Von der einstigen Dorfstruktur ist nur der **alte Kirchplatz** mit Apostelkirche und Fachwerkhäusern erhalten. Erholung findet man in **Mohns Park** oder im **Stadtpark** mit See. Im **Stadtmuseum** werden u. a. Medizin- und Industriegeschichte dokumentiert (Kökerstr. 7, Mi.–Fr. 15.00–18.00, Sa./So. 11.00–18.00 Uhr). Das **Hausmuseum der Firma Miele** zeigt die Entwicklung der Hausgerätetechnik (Carl-Miele-Straße, Mo.–Do. 8.00–16.00, Fr. bis 16.00 Uhr).

AKTIVITÄTEN

Im Freizeitbad **Die Welle** hat der Alltag Pause (Stadtring Sundern 10, Tel. 05241 82 21 65).

VERANSTALTUNGEN

Verschiedene Gastspiele bietet das **Theater Gütersloh** (Barkeystr. 15, Tel. 05241 211 36 36, www.theater-gt.de).

UMGEBUNG

In **Harsewinkel-Marienfeld** (9 km nordwestl.) liegt das ehem. Zisterzienserkloster mit toller Ausstattung von Spätgotik bis Barock. In **Harsewinkel** (2 km weiter) locken Heimathof, Stadtpark und Farmhouse Jazzclub, auf einer Hofanlage in **Harsewinkel-Greffen** (4 km weiter westl.) das Motorrad-Oldtimer-Museum. Die Kirchenringbebauung um die St.-Anna-Kirche und das Heimathaus lohnen in **Verl** (9 km östl.).

INFORMATION

Gütersloh Marketing, Berliner Str. 63, 33330 Gütersloh, Tel. 05241 21 13 60, www.guetersloh.de, www.guetersloh-marketing.de

20 Rheda-Wiedenbrück

Die Doppelstadt (46 000 Einw.) an der Ems profitiert bis heute von der Flora Westfalica (1988), bei der ein 3 km langer Park entstand.

SEHENSWERT

Schloss Rheda geht auf einen Wehrbau des 12. Jhs. zurück, dessen Torturm (frühes 13. Jh.) eine roman. Doppelkapelle birgt. Der Weserrenaissanceflügel stammt von 1606, der barocke Hauptflügel aus dem 18. Jh. (Führungen inkl. Kutschen- und Theatermuseum nur für Gruppen: Tel. 05242 947 10, www.schloss-rheda.de). In der ev. **Stadtkirche** (17. Jh.) befindet sich immer noch die Fürstenloge (18. Jh.). Im Stadtbild von **Wiedenbrück** fallen Bürgerhäuser mit Fachwerk ins Auge. Die kath. **Ägidiuskirche** birgt ein Sakramentshaus (1504).

MUSEEN

Das **Leineweber-Museum** informiert über den früheren Alltag (Di.–Fr. 10.00–12.00, 14.00 bis 18.00, Sa./So. 10.00–18.00 Uhr). Ein ehem. Fernmeldebunker birgt das **Radiomuseum** (Eusterbrockstr. 44, Sa./So. 14.00–18.00 Uhr). Das Museum der **Wiedenbrücker Schule** zeigt neben Werken von Kunsttischlern, Altarbildhauern, Malern und Kunsthandwerkern archäologische Funde und Exponate, die die Entwicklung der Stadt von der Steinzeit bis zur Neuzeit veranschaulichen (Hoetger Gasse 1, Mi.–Sa. 10.00 bis 13.00, 15.00–17.00, So. 15.00–17.00 Uhr).

UMGEBUNG

Der **Flora-Westfalica-Park** verbindet Rhedas Schlossgarten mit Emsauen und Emssee. Im Ortsteil **Batenhorst** ist mit Haus Aussel ein alter Burgmannshof erhalten. **Schloss Möhler** (4 km westl.) ist aus einem Rittergut des 13. Jhs. entstanden. **Kloster Herzebrock** (5 km nordwestl.) war einst Benediktinerinnenabtei. Das einstige **Prämonstratenserkloster Clarholz** (4 km weiter) mit got. Laurentiuskirche ist Ort der Besinnung. In **Stromberg** (7 km südwestl.) locken der histor. Burgplatz und die hochgotische Wallfahrtskirche zum Hl. Kreuz.

INFORMATION

Flora Westfalica, Rathausplatz 8–10, 33378 Rheda-Wiedenbrück, Tel. 05242 930 10, www.rheda-wiedenbrueck.de

21 Rietberg

Fachwerkensembles gaben der einstigen Grafschaftsresidenz (29 500 Einw.) den Beinamen „Stadt der schönen Giebel". Die „Siebenmal sympathisch" genannte Radroute aus mehreren Einzeltouren ab dem Rathaus führen zu den Highlights der sieben Teilorte. Beschreibungen finden sich im Netz (www.rietberg.de).

SEHENSWERT

Reizvoll sind das ehem. Gymnasium **Nepomucenum** (1748) und das **Rathaus** (1804) mit im 20. Jh. überdachter Doppeltreppe. Die ehem. **Franziskanerklosterkirche** birgt frühbarocke Altäre. Die **Stadtkirche** ist ein spätgot. Bau, die **Nepomukkapelle** (1748) ein Kleinod des Rokoko. Im Klostergarten sind 19 Bronzeskulpturen von Wilfried Koch zu sehen; das Museum Wilfried Koch zeigt rund 100 Gemälde und ca. 700 Zeichnungen. Der **Gartenschaupark** mit Klettergarten, Klimapark und Freiluftorgel verzeichnet über 200 000 Besucher im Jahr.

INFORMATION

Touristeninformationszentrum, Rathausstr. 36, 33397 Rietberg, Tel. 05244 98 62 01, www.rietberg.de

Genießen Erleben Erfahren

DuMont Aktiv

Kleine Gartenparadiese

Spaziergänge vor den Toren der Großstädte führen oftmals in kleine Paradiese, die Geist und Seele erfrischen: In Bielefeld kann man im Japanischen Garten Kraft tanken, in Gütersloh erfreut der bald hundertjährige Botanische Garten, und in Rietberg findet man im Klostergarten Ruhe.

Anfang des 20. Jahrhunderts wurde der Gütersloher Volkspark, im Stil eines Landschaftsgartens angelegt, durch Themengärten ergänzt. Die jüngste Attraktion ist der Geruchstunnel des dänischen Künstlers Olafur Eliasson. Im Winter ist die Eiswiese, eine natürliche Schlittschuhbahn, beliebt.

Am Rand des historischen Stadtkerns von Rietberg liegt der von der Ems umflossene Garten des erst 1975 aufgegebenen Franziskanerklosters. Rund um die ehemaligen Fischteiche setzen überlebensgroße Bronzeskulpturen des Rietberger Künstlers Wilfried Koch Akzente.

Japanische Gärten wie der in Bielefeld-Bethel sind zur seelischen Vertiefung gedacht. Von erhöhter Warte aus kann man die kunstvolle Landschaft betrachten und in Gedanken darin wandern. Bodenständiger wirkt Bielefelds Botanischer Garten mit seinen mächtigen Buchen, Eichen und Kiefern. Ein Arzneigarten sowie 200 gefährdete Arten aus der „Roten Liste" vervollständigen die Pflanzensammlung.

Weitere Informationen

- Botanischer Garten Gütersloh, Parkstraße, 33332 Gütersloh
- Klostergarten, An den Teichwiesen 23, 33397 Rietberg
- Japanischer Garten, Quellenhofweg 125, 33617 Bielefeld
- Botanischer Garten, Am Kahlenberg 16, 33617 Bielefeld

Detaillierte Garten- und Parkinformationen für die Region Ostwestfalen-Lippe bietet die OstWestfalenLippe Marketing GmbH. Sie verfügt über ein eigenes Internetportal, das unter ***www.garten-landschaft-owl.de*** zu finden ist.

In der wärmeren Jahreszeit zeigen sich die Gärten und Parks der Region von ihrer schönsten Seite: üppig grün und herrlich bunt.

Magische Steine und geschweifte Giebel

Die Externsteine bei Horn-Bad Meinberg, das heroische Hermannsdenkmal bei und das Fürstlich-Lippische Residenzschloss in Detmold als bekannte Ziele im Lipper Land konkurrieren mit dem Weserrenaissance-Stadtbild von Lemgo, der malerischen Ackerbürgerstadt Schwalenberg sowie den historischen Zentren von Blomberg und Lügde.

Dem Bau des Denkmals für Armin den Cheruskerfürsten opferte Ernst von Bandel im 19. Jahrhundert sein gesamtes Vermögen.

Der von Hofmaler Hans Hinrich Rundt mit Deckengemälden ausgestaltete Rote Salon …

… das Jagdzimmer mit Waffen und Trophäen sowie zahlreiche andere Räume …

… des Fürstlichen Residenzschlosses in Detmold stehen für Besichtigungen offen, obwohl das Schloss bewohnt ist.

Klassizistisch: das Rathaus am Detmolder Marktplatz

Kostbare Gobelins und Kronleuchter gehören zur Ausstattung des Residenzschlosses.

„Hier stehen wir vor der Grotenburg mit ihren schneeglänzenden Waldungen."

Christian D. Grabbe, Die Hermannsschlacht

Dem Römerbezwinger Hermann alias Arminius begegnet man im Teutoburger Wald auf Schritt und Tritt. Sogar der Fußballclub Arminia Bielefeld beruft sich auf den siegreichen Germanenführer.

Zwar liegen zwischen Dr. Armin Prinz zu Lippe und dem Cheruskerfürsten Welten, doch die gemeinsamen Vornamen sind vermutlich nicht zufällig. Wie einst Arminius gegen die übermächtig wirkenden Römer sein Ziel der Eigenständigkeit verfolgte, so bewahrte der langjährige Chef des Adelshauses Lippe mit diplomatischem Geschick die Selbstständigkeit seines kleinen Landes als Freistaat Lippe in der Weimarer Republik von 1919 bis zu den Lippischen Punktationen von 1947. In diesem Sondervertrag mit dem neu gebildeten Land Nordrhein-Westfalen wurde die Wahrung der kulturellen Eigenheiten Lippes dokumentiert und als Instrument dafür der Landesverband Lippe gegründet. Die Lippische Rose des Fürstenhauses ist seitdem sogar Bestandteil des nordrhein-westfälischen Landeswappens. Als allgemeines Symbol der Liebe, der Minne im höfischen Leben und der Marienverehrung wurde die Rose von Bernhard II. zur Lippe seit der zweiten Hälfte des 12. Jahrhunderts im lippischen Wappen geführt.

Arminius wäre wahrscheinlich längst vergessen, hätte er nicht als Hermann der Cherusker im Denkmalskult eines verklärenden Deutschtums des 19. Jahrhunderts seine Wiederauferstehung als Nationalheld erlebt.

Denkmal am falschen Platz

1838 wurde posthum das Geschichtsdrama „Die Hermannsschlacht" des gebürtigen Detmolder Schriftstellers Christian Dietrich Grabbe (1801–1836) veröffentlicht. Im selben Jahr stellte der Bildhauer Ernst von Bandel (1800–1876) den knapp 31 Meter hohen Unterbau für das Hermannsdenkmal im Stil der Neugotik fertig. Dann geriet das Projekt aus Geldmangel ins Stocken. Erst nach der Reichsgründung 1871 ging der Bau des Denkmals zügiger voran. Mit Unterstützung einiger Ingenieure wurde ein inneres Eisengerüst konstruiert, auf dem die Kupferplatten der 26 Meter hohen Figur befestigt werden konnten, sodass im Sommer 1875 im Beisein von Kaiser Wilhelm I. das Denkmal eingeweiht werden konnte. Dem Zeitgeist entsprechend, galt Arminius-Hermann als Verkörperung von Mut und Tapferkeit im Bismarck-Reich. Zugleich war er deutsch-nationales Symbol, das sich gegen die romanische Kultur zu behaupten wusste. Bis heute ist das Hermannsdenk-

Zuschauen bei alten Handwerkstechniken (oben links) im LWL-Freilichtmuseum Detmold (unten rechts) oder lieber selbst aktiv werden im Teuto-Kletterpark (oben rechts) nahe dem Hermannsdenkmal – Detmold-Besucher haben die Qual der Wahl.

mal als fragwürdige Heldenverehrung auf dem Gelände der vorgeschichtlichen Ringwallanlage der Grotenburg im Teutoburger Wald immer noch ein Massenanziehungspunkt, obwohl es als Erinnerung an die „Schicksalsschlacht der Germanen" im Jahre 9 nach Christus am falschen Ort steht. Archäologische Funde belegen ein großes Schlachtfeld zwischen Römern und Germanen in Kalkriese am Wiehengebirgsrand, nordöstlich von Osnabrück.

Doch wer war eigentlich dieser Arminius? Nur wenig ist über ihn bekannt, zum Beispiel, dass er 19 vor Christus als Sohn des Cheruskerfürsten Segimer auf die Welt kam und später mit Thusnelda, der Tochter des angesehenen Cheruskers Segestes, verheiratet war. Um 4 nach Christus zum römischen Bürger und Ritter ernannt, führte er eine cheruskische Auxiliartruppe auf römischer Seite gegen Aufständische in Pannonien. Im Jahr 9 nach Christus begleitete er den römischen Statthalter und Feldherrn Varus in Germanien und organisierte gleichzeitig den Aufstand gegen die römische Besatzungsmacht. Nach dem Verlust dreier Legionen auf Seiten der Römer, was rund 18 000 Mann entsprach, zogen sich diese zur Rheingrenze zurück. Zwischen 15 und 16 nach Christus führte Arminius nochmals germanische Verbände gegen Germanicus und gegen die Markomannen ins Feld. Während seine Frau und sein Sohn vom Schwiegervater an die Römer ausgeliefert wurden, fiel er selbst vor dem Jahr 21 einem Mordanschlag durch Verwandte zum Opfer.

Aufstieg derer zur Lippe

Im Jahr 1113 taucht urkundlich wieder ein Hermann auf: Hermann I., Edelherr zur Lippe, als Ahnherr eines Adelsgeschlechts, das 1528 den Grafen- sowie 1789 den Fürstentitel erhielt und bis zur Abdankung 1918 sein kleines Land Lippe erfolgreich durch alle Stürme der Geschichte lenkte. Ihren Aufstieg verdankten die Edelherren zur Lippe in der zweiten Hälfte des 12. Jahrhunderts

Am Marktplatz von Blomberg, im Hintergrund der Turm
der 1833 abgerissenen Martinikirche

Barock: Wasserschloss Vinsebeck in Steinheim
auf einer quadratischen Insel

Getreidefelder bei Bavenhausen, Teilort der Großgemeinde Kalletal

Mittelalterliches Flair und moderner Komfort vereinen sich im Blomberger Burghotel.

Special

Weserrenaissance

Geschweifte Giebel

Von 1520 bis 1620 erlebt der Weserraum zwischen Hann. Münden und Bremen eine wirtschaftliche und kulturelle Blüte.

Das in der Region geerntete Getreide lässt sich mit enormen Gewinnen in europäische Krisengebiete verkaufen, und der niedere Adel entdeckt den Söldnerführerberuf bei ausländischen Kriegsmächten als Einnahmequelle. Die Einkünfte werden in zahlreiche Neubauten – Schlösser, Bürgerhäuser, Rathäuser, Gehöfte – investiert. Bedeutende Baumeister werden dafür verpflichtet: Jörg Unkair aus Lustnau bei Tübingen, Cord Tönnies aus Hameln, Johann Robyn aus Ypern in Flandern oder Michael Clare aus Schwerin. Sie verleihen dem Weserrenaissancestil, der namentlich erst ab 1912 in der Kunstgeschichte auftaucht, seine Besonderheit. Zu den Stilmerkmalen gehören geschweifte Giebel, auch welsche Giebel genannt, Wesersandsteinquader mit kerbartigen Ornamenten, gemeißeltes Beschlagwerk an Giebelkanten und Portalen, Streifenputz sowie Fächerrosetten, die prägnante Utlucht als verzierter straßenseitiger Standerker und nicht zuletzt die Zwerchhäuser: quer (= zwerch) zur Firstlinie hochgeführte Dachhäuschen. Einen Einblick in die Kulturgeschichte des 16. und frühen 17. Jahrhunderts gibt die Weserrenaissance-Ausstellung im Lemgoer Schloss Brake.

Hexenbürgermeisterhaus in Lemgo

der Gefolgschaft zum mächtigen Herzog Heinrich dem Löwen von Sachsen und Bayern. Damals fielen ihnen neben der ererbten Herrschaft Rheda weitere Vogtei- sowie Herrschaftsrechte über das Stift Enger und Gebiete östlich des Osning zu, wie der Teutoburger Wald seinerzeit hieß, der unter dem heutigen Namen erst im 17./18. Jahrhundert bekannt wurde.

Drei-Straßen-Schema

Edelherr Bernhard II. zur Lippe machte sich als Städtegründer einen Namen. Lippstadt (1185) und Lemgo (um 1200) sind Planstädte der Lipper mit dem typischen Drei-Straßen-Schema: Drei weitgehend parallele Straßen, die vor dem Stadttor zusammenliefen, bildeten das Grundrissschema, nach dem auch Horn, Blomberg und Detmold im Verlauf des 13. Jahrhunderts angelegt wurden. Rund hundert Jahre später konnten die Edelherren die Grafschaft Schwalenberg erwerben, allerdings gingen durch die Lippische Landesteilung 1344 Rheda und später Enger wieder verloren. Mit dem Zugewinn der Grafschaft Sternberg 1404 fand der Kleinstaat seine endgültigen Grenzen.

Der Adel residierte zunächst auf Landesburgen, ab 1613 ist die Stadt Detmold auch Sitz der Landesregierung. Die mittelalterliche Burg wird zu einer moder-

Wahrzeichen der ehemaligen Hansestadt Lemgo:
die ungleichen Kirchtürme von St. Nicolai

Sagenumwoben als keltisch-germanische
Kultstätte: die Externsteine

Externsteine: mittelalterliches Kreuzabnahmerelief an der vorchristlichen Kultstätte

Nach und nach werden in Detmold landesherrliche Einrichtungen konzentriert und zahlreiche öffentliche Gebäude errichtet.

nen Residenz im Stil der Weserrenaissance und Festung des Landesherrn ausgebaut. Nach und nach werden in Detmold landesherrliche Einrichtungen konzentriert und zahlreiche öffentliche Gebäude errichtet – eine Tradition, die bis zum heutigen Tag durch den Sitz der Bezirksregierung, des Staatsarchivs, des Landestheaters und des Landesmuseums unterstrichen wird.

Eine wunderschöne Stadt

Lippe-Detmold, „eine wunderschöne Stadt", wie es in einem alten Soldatenlied – der heimlichen lippischen „Nationalhymne" – heißt, besitzt eine besondere Anziehungs- und Ausstrahlungskraft. Das wissen nicht nur Musiker zu schätzen: Lehrer und Studierende der international renommierten Hochschule für Musik, bei deren Sommerakademie auch schon mal der berühmte Dirigent Kurt Masur mit den Preisträgern des Wettbewerbs „Jugend musiziert" ein Orchester auf die Beine stellte. Das kleine Detmold mischt auch in der großen Politik mit: Frank-Walter Steinmeier, 1956 in Detmold geboren, war 1999 bis 2005 Chef des Bundeskanzleramts unter Gerhard Schröder und vertritt seit 2013 als Bundesaußenminister Deutschlands Interessen in der ganzen Welt; dieses Amt hatte er auch schon von 2005 bis 2009 inne.

Die großartigsten Aussichtspunkte

Beste Aussichten

Es müssen nicht immer die überlaufenen touristischen Höhepunkte wie Hermannsdenkmal oder Porta Westfalica als Panoramablicke dienen, denn viele andere Erhebungen im ostwestfälischen Bergland mit Türmen und Burgruinen bieten ebenso reizvolle Nah- und Weitblicke auf Land und Leute.

1 Köterberg

Die grandioseste Aussicht auf das Weserbergland bietet der Köterberg zwischen Lügde und Höxter. Seine kahle Kuppe, die 495,8 m über bewaldete Hänge hinausragt, ist zwar nicht die höchste Erhebung der Region, doch dank der exponierten Lage kann das Auge nirgendwo weiter schweifen – bei gutem Wetter kann man bis nach Sachsen-Anhalt und Thüringen schauen. Das Köterberghaus bietet Besuchern ein vielseitiges gastronomisches Angebot. In den Sommermonaten dient der Gipfelbereich an Wochenenden Motorradfahrern als Treffpunkt.

Der Köterberg erhebt sich rund 13 km südöstlich von Lügde. An seinem Nordnordwesthang liegt das Dorf Köterberg mit der Fahrstraße zum Gipfel.

2 Ruine Desenberg

Weit sichtbar und weiß leuchtend erhebt sich die Ruine der Höhenburg mit Vorburg und 12 m hohem Bergfried auf den baumlosen Überresten eines erloschenen Vulkans inmitten der Warburger Börde. Von der einst über 1000 m² großen Ringburg mit Palas und Wirtschaftsgebäuden auf 344 m Höhe sind noch der Bergfried mit fast 7 m Durchmesser und 1,3 m Mauerstärke sowie Gebäudereste erhalten. Der Bergfried kann über eine Metallwendeltreppe bestiegen werden und bietet von seiner Aussichtsplattform einen tollen Blick über die Warburger Börde. Die nahe Stadt Warburg ist ebenso erkennbar wie der Ort Daseburg, und über den Teichen liegt Calenberg. Am Horizont erscheinen der Fernsehturm Willebadessen und die weiße Radarkuppel von Auenhausen, ferner die Kasseler Berge mit dem Sender Habichtswald. An der Ruine und auf den Flächen wenige Meter unterhalb lässt sich eine Rast mit eigenem Proviant einlegen. Schautafeln informieren über Geologie, Geschichte und Naturschutz.

Auf der Landstraße nach Daseburg ausgeschilderter Parkplatz unterhalb des Berges. Von hier führt ein rund 1 km langer Wanderweg zur Burg hinauf.

3 Kaiser Karls Turm

Der Kaiser-Karl-Turm gehört zur unverwechselbaren Silhouette von Bad Driburg. Zu Zeiten Kaiser Karls des Großen stand hier die Hauptburg des Nethegaus zur Missionierung der heidnischen Sachsen. Im 10. Jh. gehörte die Iburg dem Damenstift von Heerse, dessen Stiftskirche anderthalb Wegstunden entfernt liegt. Nur noch Ruinen künden vor Ort von einstiger Größe. Heute genießt der Besucher den Rundblick auf Bad Driburg und Umgebung von der Aussichtsplattform des 1904 eingeweihten steinernen Karlsturms mit 18 m Höhe. Ansonsten kann man es sich im Café und Restaurant Sachsenklause gemütlich machen.

Erreichbar von Bad Driburg aus zu Fuß oder ab dem Parkplatz der Ausschilderung Sachsenklause folgen.

4 Burg Ravensberg

Vom Zinnenkranz des Burgturms der in Teilen erhaltenen Höhenburganlage Ravensberg auf 269 m im Ravensberger Land im Kreis Gütersloh bietet sich ein weiter Blick bis ins Münsterland. Besonders attraktiv ist der in einer Führung zu besichtigende, etwa 20 m hohe Bergfried, mit seiner komplett erhaltenen mittelalterlichen gewölbten Deckenkonstruktion. Im Forsthaus und auf der Terrasse kann man sich bei einem guten Gastronomieangebot stärken (sommers Mo., Di. geschl., im Winter nur an Wochenenden offen).

Erreichbar mit öffentlichen Verkehrsmitteln über Borgholzhausen, mit dem Pkw über eine Abzweigung der B 68 oder auf der Wanderstrecke Hermannsweg.

5 Luisenturm

In bescheidenerer Manier, aber mit Blickrichtung nach Berlin widmeten die Bewohner in Ostwestfalen der im Volk beliebten Königin Luise von Preußen, Gattin des Königs Friedrich Wilhelm III., auf der Anhöhe oberhalb von Borgholzhausen einen imposanten Aussichtsturm. Vom Luisenturm, 291 m hoch auf der Johannisegge gelegen, genießt man einen herrlichen Rundblick. Und in der Gaststätte Luisenturm-Hütte (Sa. und So. geöffnet) locken Kuchen und Waffeln zu einer Erholungspause.

Der Turm ist in Borgholzhausen ausgeschildert und kann jederzeit kostenlos bestiegen werden.

6 Sparrenburg

Obwohl sich die Sparrenburg im Zentrum von Bielefeld erhebt, ist sie von viel Grün umgeben. Die Burg ist ein bedeutendes Baudenkmal der Renaissance mit einem 37 m hohen Turm und unterirdischen Kasematten. Die Anlage als Teil eines Naherholungsgebietes kann das ganze Jahr über kostenlos betreten und besichtigt werden. Die Turmbesteigung ist im Sommerhalbjahr gebührenpflichtig, entschädigt aber mit einem tollen Blick auf Bielefeld. Sehr beliebt ist der Spaziergang auf der Promenade, die auf der Kammlinie von der Sparrenburg bis zum rund 1 km entfernt liegenden Waldhotel Brand's Busch mit seinem schönen Biergarten führt.

Von der Bielefelder Innenstadt der Ausschilderung Sparrenburg folgen

7 Krekeler-Berg

Auf dem Krekeler-Berg, einer 366 m hohen Erhebung zwischen der Stadt Höxter und der Gemeinde Bosseborn, steht der steinerne, etwa 13 m hohe Bismarckturm von 1900, von dem sich ein reizvolles Panorama auf das Wesertal bietet. Das nahe gelegene Naturschutzgebiet Ziegenberg erschließt sich bei einer kleinen Wanderung, bei der man zum Rodeneckturm gelangt, ein Aussichtsturm im Burgenstil des Historismus von 1880 mit Blick auf die Weser, die Stadt Höxter, über das Klosterschloss Corvey bis zur niedersächsischen Kreisstadt Holzminden.

Beide Türme sind per Wanderung von Höxter aus erreichbar, immer geöffnet, aber ohne Gastronomie.

8 Wartturm

Zwischen der Mühlenregion um Lübbecke und der einstigen Festung Minden in Verbindung mit dem alten Hellweg und der Weserfurt wollten die Bewohner schon im Voraus wissen, wer des Weges zog, weshalb 1857 auf dem Wurzelbrink (318 m) ein Wartturm errichtet wurde – heute ein markanter Aussichtspunkt im Lübbecker Land. Südlich von hier liegt der Kniebrink (315 m), östlich der Heidbrink (320 m). Ostwärts des Berges verläuft in Richtung Norden die Mensinger Schlucht. Richtung Nordost befindet sich das Große Torfmoor in rund 6 km Entfernung, zwischen den Ortschaften Gehlenbeck/Nettelstedt und dem Mittellandkanal gelegen. Richtung Norden liegt der 25 km entfernte Stemweder Berg, der 181 m hoch aufragt. Nach Osten hin zieht sich im Bogen das Wiehengebirge weiter bis zur Porta Westfalica in gut 25 km Entfernung, die man bei klarer Sicht erkennen kann. In südlicher Richtung ist das Hügelland der Ravensberger Mulde und der Teutoburger Wald erkennbar.

Von Lübbecke aus dauert der ausgeschilderte Aufstieg auf den Wurzelbrink eine knappe Stunde.

MINDEN
Hüll-horst
BAD OEYNHAUSEN
PORTA WESTFALICA
BÜCKEBURG
Bad Eilsen
OBERN-KIRCHEN
Nienstädt
RINTELN
LÖHNE
VLOTHO
HERFORD
BAD SALZUFLEN
HESSISCH OLDENDORF
Kalle-tal
Extertal
Lippe
LEMGO
Dörentrup
BARNTRUP
BAD PYRMONT
Leopolds-höhe
LAGE
OERLING-HAUSEN
LÜGDE
BLOMBERG
DETMOLD
Augustdorf
Lippischer Wald
Teutoburger Wald
Naturpark
Weserbergland
SCHIEDER-SCHWALENBERG
BAD MEINBERG
HORN-
STEINHEIM
Schlangen
NIEHEIM
MARIEN-MÜNSTER
Passhöhe „Gauseköte“
Maßstab 1:210.000
0
2
4km
1
2
3
4
5
6

Im Zeichen der Rose

Die einstigen Edelherren und heutigen Prinzen zur Lippe haben ihr kleines Land erfolgreich durch die Geschichte gelenkt, als Stadtgründer wie bei Lemgo und Detmold, als Bewahrer ihres Erbes, von Burg Horn über Blomberg, Schloss Schieder bis zum malerischen Schwalenberg, und als Förderer von Literatur, Musik und Theater.

1 Detmold

Die fürstlich-lippische Residenz- und renommierte Musikhochschulstadt (73 500 Einw.) am Teutoburger Wald begeistert mit Kulturdenkmälern. „Theotmalli" hieß die Gerichtsstätte einst. Als Edelherr Bernhard III. zur Lippe 1265 die Stadt gründete, wurde daraus „Detmelle".

„Ort der Kraft": die Externsteine; Hauptgebäude der Detmolder Musikhochschule; Denkmal des Grafen Ernst zu Lippe in Detmold

SEHENSWERT

Den Mittelpunkt der Altstadt mit viel Fachwerk bildet der **Marktplatz** mit Erlöserkirche (15./16. Jh.), Donopbrunnen (1902) und klassizist. Rathaus (Markt ist Di., Do., Sa.). Von Parkgrün umgeben, erhebt sich am Schlossplatz das **Fürstliche Residenzschloss** (16.–18. Jh.) mit Jagdwaffen- und Porzellansammlung (Führungen tgl. 10.00, 11.00, 12.00, 14.00, 15.00, 16.00, April–Okt. auch 17.00 Uhr). **Freiligraths Geburtshaus** und **Grabbes Sterbehaus** sind in der Gasse Unter der Wehme (Nr. 5 und 6) zu entdecken. Über die Lange Straße mit dem **Schmerimenhaus** (1587) gelangt man zum **Neuen Palais** (18./19. Jh.; Musikhochschule).

MUSEEN

Das **Lippische Landesmuseum** gibt einen anschaulichen Überblick zur geschichtlichen Entwicklung Lippes (Ameide 4, Di.–Fr. 10.00 bis 18.00, Sa./So. ab 11.00 Uhr). Rund 100 histor. Bauten mit Einrichtung aus fünf Jahrhunderten machen das **LWL-Freilichtmuseum** **TOPZIEL** zum größten Deutschlands (Krummes Haus, April–Okt. Di.–So. 9.00–18.00 Uhr).

VERANSTALTUNGEN

Das **Landestheater Detmold** im Theaterbau (1915) mit zusätzl. Studiobühne sowie Sommer- und Zimmertheater ist die größte Reisebühne Europas (Theaterplatz 1, Tel. 05231 97 48 03, www.landestheater-detmold.de).

UMGEBUNG

Das bis 1875 von Ernst von Bandel errichtete **Hermannsdenkmal** in Detmold-Hiddesen (3 km südwestl.), in Erinnerung an die Schlacht 9 n. Chr., steht auf der 386 m hohen Grotenburg (Plattform mit Fernsicht März–Okt. 9.00–18.30, Nov.–Feb. 9.30–16.00 Uhr, die Touristiklinie 792 verkehrt Mitte März–Okt. Sa./So. von Detmold). Im **Vogel- und Blumenpark Heiligenkirchen** (3 km südl.) sind Vögel aus aller Welt zu bestaunen (Mitte März–Okt. tgl. 9.00–18.00 Uhr). Die **Adlerwarte Berlebeck** (2 km weiter südl.) ist Europas älteste und artenreichste Greifvogelwarte (März–Okt. tgl. 9.30–17.30, Freiflugvorführung März/April u. Mitte Sept.–Okt. 11.00 u. 15.00, Mai–Mitte Sept. auch 16.30 Uhr, www.detmold-adlerwarte.de). Das Westfälische Industriemuseum Ziegelei Lage informiert in **Lage** (9 km nordwestl.) über die Geschichte der Ziegelherstellung (Di.–So., Fei. 10.00–18.00 Uhr).

INFORMATION

Tourist Information Lippe & Detmold,
Rathaus am Markt, 32756 Detmold,
Tel. 05231 97 73 28, www.stadtdetmold.de

2 Horn-Bad Meinberg

Burg Horn sowie das Schwefelmoor- und Mineralkur-Staatsbad Meinberg (19 300 Einw.) sind von eindrucksvoller Natur umgeben. Der Badebetrieb kam im 19. Jh. richtig in Schwung.

SEHENSWERT

Die ehem. landesherrlich-lippische **Burg Horn** lässt vom Burghof aus im mittleren Flügel den got. Palas (1348) erkennen, während die übri-

Tipp

Wege durch das Land

Lesungen und Konzerte von Schauspielern, Schriftstellern und Musikern von Weltrang in Schlössern und Klöstern, Scheunen und Ruinen, in Heidelandschaft und auf Waldlichtungen sind Teil des beliebten Literatur- und Musikfestes „Wege durch das Land" von Mitte Mai bis Ende Juli in Ostwestfalen-Lippe.

WEITERE INFORMATIONEN

Literaturbüro Ostwestfalen-Lippe,
Hornsche Str. 38, 32756 Detmold,
Tel. 05231 30 80 20,
www.literaturbuero-owl.de

gen Teile 1659 zum frühbarocken Wohnschloss umgebaut wurden. Die **Pfarrkirche** ist eine spätgot. Halle mit schönem Chorgestühl (um 1500) und Taufstein (1591). Der **von Kotzenbergsche Hof** (1616–1618) am Domensoot sowie die Fachwerkhäuser in der Mittel- und Nordstraße bilden schöne Ensembles. In **Bad Meinberg**, wo 1767 der Badebetrieb aufgenommen wurde, reizen der herrliche Kurpark, histor. Kurhäuser und das moderne Mineralwasserbad.

MUSEEN
Das **Burgmuseum Horn** informiert über die Stadtgeschichte (Burgstr. 13, Ostern–Okt. Di. bis So. 14.00–16.00 Uhr), das **Traktorenmuseum** über die Entwicklung in der Landwirtschaft (Kempener Str. 33, April–Okt. Di.–So. 14.00–18.00 Uhr).

UMGEBUNG
Die bis zu 37,5 m hohen **Externsteine** TOP-ZIEL (2 km südwestl.) sind sagenumwoben als keltisch-germanische Kultstätte. Tatsache ist, dass der Paderborner Bischof Heinrich von Arnsberg 1115 an den Felsen die heiligen Stätten Jerusalems nachbilden ließ; das Relief der Kreuzabnahme ist 3,25 m hoch. Vom zweithöchsten Berg des Teutoburger Waldes, der **Velmerstot** (441 m, 7 km südl.) bietet sich ein toller Rundblick. Östl. Nachbarort von Horn-Bad Meinberg ist **Steinheim**. Die Hallenkirche St. Marien birgt im Chor ein steinernes Sakramentshaus. Das Möbelmuseum zeigt Arbeiten aus verschiedenen Epochen (Mi., So. 14.00 bis 17.00 Uhr).

INFORMATION
Touristeninformation,
Allee 9, 32805 Horn-Bad Meinberg,
Tel. 05234 989 03,
www.horn-badmeinberg.de

Tipp

Blühend, brennend, bunt

„Drei Städte voller Leidenschaft" – unter diesem Titel haben sich Lügde und Schieder-Schwalenberg zusammengetan, um dem Urlauber die Reize des lippischen Südostens nahezubringen. Von Abendmärschen über Osterräder bis zum Trachtenfest ist für jeden Geschmack etwas dabei. Eine großformatige Schatzkarte (hier finden sich Sehenswertes, Wandertipps und Radrouten auf einen Blick) gibt es bei den Tourist-Informationen der beiden Orte, Infos auch unter http://bluehend-brennend-bunt.de.

3 Schieder-Schwalenberg

Das Freizeitzentrum Schieder-See bildet den Kontrast zur einstigen Sommerresidenz der Lipper Fürsten in Schieder, während das malerische Schwalenberg (zusammen 10 000 Einw.) das Mittelalter lebendig hält. Das kleine **Barockschloss Schieder** liegt in einem großen Landschaftspark. In der **Papiermühle Plöger** kann man an Wochenenden (Mai–Okt. Sa. 15.00–17.00, So. 10.00–12.00 u. 15.00–17.00 Uhr) alles über die Papierherstellung erfahren. In der pittoresken Fachwerkstadt Schwalenberg, einst Grafensitz mit Burg (privat), ist das reich verzierte **Rathaus** (1579) ein Blickfang.

UMGEBUNG
Die spätgot. Kirche mit Glasmalereien und zwei schöne Fachwerkbauten blieben vom **Kloster Falkenhagen** (9 km östl.). Das ehem. **Benediktinerkloster Marienmünster** (9 km südl.) in barocker Ausstattung war ursprünglich eine Stiftung der Schwalenberger Grafen von 1128 für ihre Grablege.

INFORMATION
Tourist-Information Schwalenberg,
Marktstr. 7, 32816 Schieder-Schwalenberg,
Tel. 05284 94 37 37 94,
www.schieder-schwalenberg.de

4 Lügde

Typische Bürgerhäuser und Wehranlagen prägen den Kern der Stadt (12 000 Einw.). Die **Pfarrkirche** (1894) ist ein gutes Beispiel für den Architekturstil der Neugotik. Das **Heimatmuseum** informiert über lokales Brauchtum (Hintere Str. 86, Do.–Di. 14.00–19.00 Uhr). Die südwestl. vor der Stadt errichtete **Kilianskirche** mit ihrem Friedhof ist eine beachtliche roman. Kreuzbasilika (1170–1190); Reste von Wandmalereien können in der Hauptapsis betrachtet werden. Der trad. **Osterräderlauf** am Abend des Ostersonntags ist ein Publikumsmagnet.

Lemgo hat schöne Fachwerkhäuser mit Schnitzwerkgiebel.

INFORMATION
Touristinformation Lügde, Am Markt 1,
32676 Lügde, Tel. 05281 77 08 70,
www.luegde.de/tourismus

5 Blomberg

Vielfach „de Bloeme" – die Blume – unter den lippischen Städtchen genannt, hat sich das 750 Jahre alte Blomberg (18 000 Einw.) ein stark umwalltes liebenswertes Ortsbild bewahrt.

SEHENSWERT
Zahlreiche Fachwerk-Giebelhäuser säumen die Gassen vom wuchtigen **Niedertor** aus. Am Marktplatz steht das **Rathaus** von 1578. Die **Burg** (15./16. Jh., Hotel-Restaurant) mit schönem Pfort-(Amts-)Haus schmücken Erker und Zierschnitzereien. In der **Pfarrkirche** befinden sich die Gruft der Grafen zur Lippe und das Grabmal des Klostergründers Bernhard VII. zur Lippe mit seiner Gemahlin Anna von Holstein-Schaumburg (um 1491) von Heinrich Brabender.

UMGEBUNG
In **Barntrup** (9 km nördl.) liegt das Renaissanceschloss (1584–1588) der Nachkommen des Söldnerführers Franz von Kerssenbrock. **Sonneborn** (3 km weiter östl.) lohnt wegen der Dorfkirche (um 1250) mit Gewölbemalereien aus der Reformationszeit einen Besuch. Das Erholungsgebiet **Extertal** (15 km weiter nördl.) erschließt im Sommer auch die Historische Extertalbahn (Tel. 01805 01 28 85, www.landeseisenbahn-lippe.de).

INFORMATION
Blomberg Marketing,
Neue Torstraße 25, 32825 Blomberg,
Tel. 05235 502 83 42, www.blomberg-urlaub.de

Die bis zu 37,5 Meter hohen Externsteine sind sagenumwoben als keltisch-germanische Kultstätte.

6 Lemgo

Seit 1295 war Lemgo (44 000 Einw.) Mitglied im Hansebund und erfreute sich mit seinen damals rund 5000 Einwohnern durch den Tuch- und Leinenhandel bis zum Dreißigjährigen Krieg eines ansehnlichen Wohlstands, der anschließend verblasste, aber die wertvolle historische Bausubstanz bewahren konnte.

SEHENSWERT

Die grün umwallte **Altstadt** **TOPZIEL** mit zahlreichen prächtigen Bürgerhäusern der Spätgotik und Renaissance ist ein städtebauliches Kleinod. Am **Markt** bilden Rathaus (seit 1325) mit Ratslaube (1565), Apothekenerker (1612), Zeughaus und Ballhaus (1608) ein vielgestaltiges, reich dekoriertes Ensemble. **Wippermannhaus** (1576) und **Planetenhaus** (um 1590) sowie die Giebelhäuser im östlichen Teil der Mittelstraße sind weitere Schmuckstücke. Am Nikolaikirchplatz mit traufenständigen Fachwerkfassaden (16./17. Jh.) erhebt sich **St. Nikolai** (13./14. Jh.) mit spätroman. Nordportal (um 1230). Auf 700 Jahre Geschichte kann das einstige Dominikanerinnenkloster und jetzige Damenstift **St. Marien** mit vogelnestförmiger Orgel (1587–1590) zurückblicken.

MUSEEN

Im reich verzierten **Hexenbürgermeisterhaus** (1571) wird die Stadtgeschichte lebendig, mit Erinnerung an die Hexenverfolgungen zwischen 1561 und 1682 (Breite Str. 19, Di.–So. 10.00–17.00 Uhr). Das **Junker-Haus** (1890 bis 1912) des kreativen Sonderlings Karl Junker ist innen wie außen ornamental gestaltet (Hamelner Str., April–Okt. Di.–So. 10.00–17.00, sonst Fr.–So. 11.00–15.00 Uhr). Am östl. Stadtrand ist im Renaissanceschloss Brake mit siebenstöckigem Turm (1589–1592) das **Weserrenaissance-Museum** zur Kultur des Weserraums im 16./17. Jh. untergebracht (Architektur, Malerei, Grafik, Möbel, Festwesen, Tafelzier, Küche, Religion, Wissenschaft und Wirtschaft, Di.–So. 10.00–18.00 Uhr). Unweit des Schlosses liegt die **Städtische Galerie Haus Eichenmüller**. Natur und Kunst verbinden sich im **STAFF Landschaftspark**.

UMGEBUNG

In der Großgemeinde **Kalletal** (17 km nördl.) im Lippischen Bergland lohnen das Wald- und Forstmuseum Heidelbeck, die Windmühlen in Bentorf (Holländerwindmühle, 1889) und Bavenhausen, Schloss und Weserfreizeitzentrum in Varenholz. Schloss und **Gut Wendlinghausen** bei Dörentrup (10 km südöstl.) bieten Ökoprodukte aus eigenem Anbau sowie Schlossfeste zu Pfingsten, Erntedank und Weihnachten. Bei Linderhofe erhebt sich **Burg Sternberg** (16 km nordöstl.), im 13./14. Jh. Residenz der gleichnamigen Grafen, mit Wohnturm, Rittersaal und Burgmuseum.

INFORMATION

Lemgo Information, Kramerstr. 1, 32657 Lemgo, Tel. 05261 988 70, www.lemgo.net

Genießen Erleben Erfahren

DuMont Aktiv

Klettern beim Hermann

Für ungeübte Wipfelstürmer wie für Klettermeister hält der Teutoburger Wald mit seinen alten Baumbeständen ein besonderes Revier bereit, um in bis zu zwölf Meter Höhe Mut und Geschicklichkeit zu beweisen. In farbig gekennzeichneten, unterschiedlich schwierigen Parcours findet im Teuto-Kletterpark jeder den passenden Weg von Wipfel zu Wipfel.

Als Anfänger ist man zunächst vielleicht etwas überfordert mit den über neunzig Kletterstationen im natürlichen Baumbestand. Daher wird im weißen Trainingsparcours unter fachkundiger Anleitung erst einmal das Sicherungssystem getestet. Anfänger sammeln dann im grünen Parcours in einem Meter Höhe erste Erfahrungen.

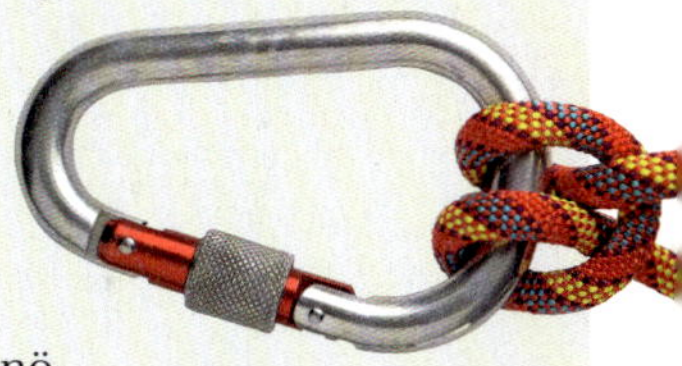

Allmählich wagt man sich höher hinauf, entlang der gelben oder blauen Route, und schnuppert vier bis sechs Meter über dem Boden erste Höhenluft. Einigen Mut und gute Körperbeherrschung benötigt, wer im roten Parcours die Kletterelemente und Balanceaufgaben in sechs bis acht Meter Höhe bewältigen will. Und auf der lilafarbenen Strecke kommen selbst Abenteuerhungrige auf ihre Kosten, spätestens bei der vierzig Meter langen Seilrutsche! Der schwarz markierte Profiparcours steht nur echten „Kletterartisten“ offen. In zwölf Meter Höhe braucht man Nerven wie Drahtseile und eine gute körperliche Verfassung!

Weitere Informationen

Wichtig sind bequeme, dem Wetter angepasste Kleidung sowie geschlossene Schuhe, normale Fitness und eine Greifhöhe von mindestens 1,85 m. Kinder sind ab 9 Jahren zugelassen, bis einschließlich 12 Jahren jedoch nur in aktiver Begleitung eines Erwachsenen.

Teuto-Kletterpark: Ende März–Ende Okt. Sa./So., an Feier- und Brückentagen sowie Oster-, Sommer-, Herbstferien tgl. 10.00–20.00 Uhr. Am Hermannsdenkmal, Detmold, Tel. 05231 56 94 52 (Mo.–Fr.), ***www.interakteam.de***

Ein bisschen Mut braucht es schon, um sich im Teuto-Kletterpark in luftiger Höhe von Plattform zu Plattform vorzuarbeiten.

Blühender Landstrich

Die ehemalige Benediktiner-Reichsabtei Corvey mit dem karolingischen Westwerk, seit 2014 UNESCO-Weltkulturerbe, und die fachwerkgeschmückte Stadt Höxter, einst Mitglied der Hanse, profitierten früh von ihrer Lage an den Ufern der Weser. Landeinwärts blühten das reizvolle Brakel und das stark befestigte Warburg mit ihren spätmittelalterlichen Baudenkmälern zu Hansestädten auf.

In der fruchtbaren Warburger Börde wird von alters her Getreide angebaut.

Westwerk der Klosterkirche Corvey aus karolingischer Zeit

Blick in den Chor der barock ausgestalteten Basilika der Benediktinerabtei

Aus karolingischer Zeit stammende Eingangshalle im Westwerk

Prunkvoll: Corveys Kaisersaal mit Deckenmalereien und Kaiserbildnissen

Römische Kaiser und deutsche Könige hielten glanzvolle Hoftage in Corvey ab.

Die bewegte Geschichte dieser Region, im Mittelalter vom Chronisten Widukind von Corvey aufgezeichnet und viel später von Wilhelm Raabe auch literarisch verarbeitet, wird besonders augenfällig in der einstigen Benediktiner-Reichsabtei Corvey.

Klösterlicher Glanz

Im wenige Jahrzehnte zuvor eroberten Sachsenland gründete Kaiser Ludwig der Fromme als Nachfolger Karls des Großen 822 ein Kloster, dessen etwas unglückliche Anfänge andernorts schon für 815 belegt sind, um es mit Mönchen aus dem westfränkischen Kloster Corbie an der Somme zu beschicken. Schnell entwickelte sich die unter Königsschutz stehende und vom westsächsischen Hochadel getragene Abtei Nova Corbeia, deutsch Corvey genannt, an der Weser, erhielt 833 Markt- und Münzrecht, um dann zum Aussendungszentrum für die Missionierung in Ost- und Nordeuropa zu werden. Nachhaltigen Ruhm für das einsetzende Pilgerwesen und damit verbundene hohe Einkünfte brachte 836 die Überführung der Gebeine des heiligen Vitus von Saint-Denis vor den Toren von Paris nach Corvey, dessen Kult sich von hier rasch bis zum Veitsdom nach Prag verbreitete. Ein großartiges Geistesleben mit weiter Ausstrahlung entfaltete sich in den Klostermauern, wo Ansgar, der Apostel des Nordens und Erzbischof von Bremen-Hamburg, dessen Biograf Rimbert und der Dichter Agius wirkten. Römische Kaiser und deutsche Könige hielten glanzvolle Hoftage in Corvey ab. Widukind (um 925 bis nach 973), der als erster deutscher Geschichtsschreiber gilt, war Rektor der Corveyer Klosterschule, einer Bildungsstätte des Hochadels und der hohen Geistlichkeit, aus der mit Gregor V. sogar ein Papst hervorging.

Im Spätmittelalter folgte der Niedergang und im Dreißigjährigen Krieg die Zerstörung der Abtei. Doch der klösterliche Lebenswille war ungebrochen, und der Wiederaufbau der Abteigebäude im Barockstil des frühen 18. Jahrhunderts brachte nochmals Glanz an die Weser. Allerdings fiel dem Gesamtneubau die großartige, 844 dem heiligen Stephanus und heiligen Vitus geweihte Klosterkirche zum Opfer. An ihrer Stelle ließ der Fürstbischof von Münster und Fürstabt von Corvey, Christoph Bernhard von Galen, zwischen 1667 und 1671 eine barocke Saalkirche mit gotisierenden Kreuzgewölben errichten und nach Plänen des fürstbischöflichen Paderborner Malers Johann Georg Rudolphi durch Johann Sasse aus Attendorn prächtig ausstatten, inklusive einer klangvollen Orgel (1681) von Andreas Schneider. Aus dem

Adelssitz der Familie von Amelunxen:
die 1561 erbaute Dechanei in Höxter

Die Türme der Kilianikirche überragen die einstige Hansestadt an der Weser.

„Godt sei lob und danck" – Fachwerkdetail in Höxters Altstadt

Special

Antikes Erbe

Karolingische Renaissance

Karl dem Großen und den Karolingern verdanken wir eine Erneuerung der christlichen Kultur durch Hinwendung zum geistigen Erbe der Antike.

Vor allem der spätantik-byzantinische Formenreichtum galt als vorbildhaft und mischte sich mit germanischen Elementen. Bei den Großbauten ersetzte die Steinbauweise das Fachwerk. Säule, Kapitell und Bogenreihen wurden der antiken Baukunst entlehnt. Neben der längsgerichteten dreischiffigen Basilika mit erhöhtem Mittelschiff, Querhaus und apsidialem Chorschluss entwickelte sich der Zentralbau. In der Buch- und Wandmalerei wurde die menschliche Figur stärker betont. Schließlich führte die karolingische Minuskel zur vereinheitlichten Schriftform der lateinischen Sprache.

Frühmittelalter blieb nur das welteinmalige karolingische Westwerk erhalten, ein turmbewehrter Vorbau, der 873 bis 875 der Abteikirche angegliedert wurde. Über einer gewölbten Erdgeschosshalle mit wunderschönen Säulen und Kapitellen in spätantiker Manier befindet sich im Obergeschoss eine als Zentralraum gestaltete Kapelle mit wenigen Ausmalungsresten, die an drei Seiten Emporen aufweist.

Wohnschloss statt Kloster

Der besonders herausgehobene Kaisersitz ermöglichte von hier aus über alle Köpfe der Gläubigen hinweg den Durchblick zum Hochaltar. Häufig diente die einst prachtvoll dekorierte Kapelle im Westwerk dem Herrscher und seinem Gefolge als Gastkirche. Die stolze Traditionsverbundenheit der Reichsabtei mit dem römisch-deutschen Kaisertum war jedoch nicht mehr von Bedeutung, als 1803 die Säkularisierung zur Auflösung des Klosters führte und der Güterbesitz an Preußen fiel. Auf dem Tauschweg kam Corvey 1821 an den Landgrafen Viktor Amadeus von Hessen-Rotenburg, der die Klosterbauten zum Wohnschloss umgestaltete. Ab 1834 übernahm sein Neffe Viktor von Hohenlohe-Schillingsfürst als Herzog von Ratibor und Fürst von Corvey das Erbe. Im Besitz dieser Familie befindet sich Corvey noch heute, bei weitgehender Nutzung als Kulturzentrum mit dem Schlossmuseum. Nur die Klosterkirche gehört zum Erzbistum Paderborn.

Fallersleben in Corvey

Die bedeutende und ständig erweiterte fürstliche Bibliothek mit rund 70 000 Bänden war das Reich namhafter Bibliothekare, darunter Hoffmann von Fallersleben. Nach langen Jahren politischer Verfolgung betreute er von 1860 bis zu seinem Tod die Büchersäle in Corvey. Der freiheitlich-patriotische Dichter August Heinrich Hoffmann von Fallersleben (1798–1874) verfasste auf der britischen Nordseeinsel Helgoland 1841 das „Deutschlandlied", das in der Weimarer Republik und in der Bundesrepublik in der Vertonung von Joseph Haydn zur Nationalhymne wurde. Seit 2002 wird stets am 1. Mai im Kaisersaal von Corvey die Hoffmann-von-Fallersleben-Rede einer bekannten Geistesgröße gehalten, zum „Nachdenken über Deutschland".

Radler und Kanuten

Die Weser, an der Corvey und Höxter liegen, mit ihrer herrlichen Flusspartie inmitten der sanft welligen Hügel des Weserberglands ist heute Revier für Radler, Kanuten und Ausflugsschiffe.

Mit dem futuristisch anmutenden „glass cube“ schuf die Firma glaskoch in Bad Driburg ein stylisches Wahrzeichen für sich und ihre Marke Leonardo.

In Bökendorf, einem Ortsteil von Brakel, wird im Sommer Freilichttheater gespielt.

Das gotische Rathaus beherrscht den reizvollen Marktplatz der ehemaligen Hansestadt Brakel.

Glasblasen hat in Bad Driburg eine jahrhundertelange Tradition. In zwei Schauglashütten kann man das Handwerk heute noch erleben.

Einst schipperten hier die Weserkähne entlang, ohne die ein lukrativer Handel in dieser Region bis ins 19. Jahrhundert hinein nicht denkbar gewesen wäre. Die damals konkurrenzlose Schifffahrt verfrachtete alles Mögliche, von Getreide über Salz, Holz, Keramik und Wesersandstein bis hin zu Tonkrügen und Weidenkörben. Über viele Jahrhunderte ist auf der Weser getreidelt worden, dort wo heute die Routen des über-

Mit Beginn der Dampfschifffahrt ab 1817 veränderte sich der Binnenschiffsverkehr.

aus attraktiven Weserradwegs entlang der Ufersäume führen. Stromaufwärts wurden die mit Segeln ausgestatteten Schiffe von acht bis zwölf Pferden oder 35 bis 40 Männern gezogen und legten so etwa 15 bis 17 Kilometer pro Tag zurück. Stromabwärts ging die Fahrt viel schneller, mit 65 bis 80 Kilometern im Tagesdurchschnitt. Freie Fahrt war jedoch selten möglich angesichts der vielen Zollstellen.

Lastkähne im Weserschlick

Bei Baggerarbeiten in der Mittelweser nahe Nienburg wurden 1995 zwei Lastkähne im Weserschlick entdeckt. Sie waren mit ihrer tonnenschweren Fracht aus Sandsteinblöcken havariert und lagen seit 1769 auf Grund – bis sie in einer komplizierten Bergungsaktion 1999 ins Weserrenaissance-Museum Schloss Brake bei Lemgo verfrachtet wurden. Dort werden die 24 und 17 Meter langen Schiffsrümpfe derzeit in einer gläsernen Halle konserviert.

Mit Beginn der Dampfschifffahrt ab 1817 veränderte sich der Binnenschiffsverkehr. Nachdem die Anrainerstaaten die Weserschifffahrtsakte unterzeichnet

Wehrmauern, Türme und Tore prägen Warburgs mittelalterliches Stadtbild.

Bürgerspiele, Musik und Tanz vor historischer Kulisse: das Kälkenfest in Warburgs Altstadt

Entdeckungen außerhalb der Städte: Teutonia-Klippen in Willebadessen und Wildpferde im Wisentgehege von Scherfede

Wenn der Sud misslungen war, schlug der amtliche Braumeister dem Fass den Boden aus.

hatten, wurde ab 1824 durch Beseitigung des Stapelrechts, des Umladezwangs und der übermäßigen Zölle das Transportwesen vereinfacht. Zur Förderung des Fremdenverkehrs wurde 1883 die Oberweser-Dampfschiffahrtsgesellschaft gegründet. Bis auf wenige Ausnahmen sind heute nur noch Vergnügungsdampfer unterwegs, die Binnenschifffahrt hat für die Oberweser kaum Bedeutung.

Bier für durstige Kehlen

Durst hatten die Weserschiffer und geschäftigen Kaufleute natürlich auch, und zahlreiche Brauhäuser sorgten stets für Nachschub. Bier war zudem ein wichtiges Handelsgut der Hanse, von dem Mitgliedsstädte wie Brakel, Höxter oder Warburg profitierten. Nachdem im Mittelalter so manches Gesöff zusammengebraut worden war, gab es seit dem frühen 16. Jahrhundert ein Reinheitsgebot. Rezeptur wie Qualität wurden in den zahlreichen Hausbrauereien streng kontrolliert, und wenn der Sud als misslungen galt, schlug der amtliche Braumeister dem Fass den Boden aus, sodass der Gerstensaft hin und wieder in die Gosse statt durch die Kehle floss. In Nieheim bei Bad Driburg informiert das Westfälische Bier- und Schnapsmuseum über die Gepflogenheiten. Viele Lokalbrauereien zwischen Höxter und Warburg sind inzwischen jedoch verschwunden.

WESTFALEN CULINARIUM

Die fünf westfälischen Grundnahrungsmittel

In Nieheim im Kreis Höxter hat man ein innovatives Tourismusprojekt verwirklicht: vier Museen, ein Lädchen und das Restaurant Meilenstein, in denen sich alles um Brot, Käse, Schinken, Bier und Schnaps dreht.

Für Eilige, die wissen wollen, wie Ostwestfalen schmeckt, lohnt sich ein Ausflug nach Nieheim zwischen Bad Driburg und Höxter. Der 7000-Seelen-Ort hat eine kulinarische Erlebnismeile zu bieten, die mit hiesigen Spezialitäten rundum sättigt.

Ein Schmaus für alle Sinne

Keine der üblichen Fressgassen erwartet den Besucher, sondern ein Schmaus für alle Sinne, verteilt auf vier Museen in historischen Gebäuden. Das Ganze ist ein unterhaltsamer Streifzug durch einen Landstrich, der gastronomisch eher im Abseits stand. Doch Hausmannskost ist wieder angesagt, wenn der Gaumenkitzel durch die Haute Cuisine beinahe ausgereizt ist.

Die Kost der einfachen Leute schätzte bereits Kaiser Wilhelm I., als Westfalen noch preußische Provinz war und der würzige Nieheimer Käse in Berlin Furore machte. Durch jenen goldigen runden kleinen Nieheimer aus Sauermilch mit Kümmel kamen die Ostwestfalen auf die Idee, regionale Lebensart in größerem Stil zu vermarkten, zumal die Heimatforscher herausgefunden hatten, dass es um 1900 in Nieheim einen regionalen Käsemarkt gegeben hatte und an die achtzig Hauskäsereien. In den neu entstehenden Erlebniswelten sollte der Besucher nicht mit Informationen gefüttert, „sondern emotional im Bauch berührt werden“, wie Chefgestalter Peter Neudert sagt. Prompt erhielt Nieheim für das kulinarische Experiment den Deutschen Tourismuspreis 2006. Heute hat Ilse Niehörster als Wirtin im Käsemuseum die Speisekarte mit Gerichten nach alten Hausrezepten gefüllt. Handgemachte Butter und Wurst vom Düppeler Weideschwein gehören dazu. In acht „Käse-Separées“ können die Gäste „Westfälische Handgreiflichkeiten“ oder „Westfälischen Schweinkram“ kosten.

Im Brotmuseum heizt Bäckermeister Westerwelle unter den Blicken der Besucher den Königswinterofen an. Bei allmählicher Erhitzung werden zunächst Kleingebäck und Brezeln gebacken, dann westfälischer Streuselkuchen und als Höhepunkt bei 350 bis 400 Grad Celsius das beliebte runde Steinofenbrot, bei dem die Rinde so richtig krachen muss. Der allmählich abkühlende Ofen

Traditionelle Gerichte nach guten alten Hausrezepten stehen im Käsemuseum auf der Speisekarte.

wird noch für Hartgebäck wie leckere Nussecken genutzt. Selbstverständlich sollen auch Kinder ihren Spaß haben, sie dürfen Brezeln und Hefemäuse formen, backen und essen.

Duftnoten und Grunzgeräusche

Entlang der Langen Straße in Nieheim widmet sich jedes Museum einer anderen Spezialität, auf insgesamt 3000 Quadratmeter Ausstellungsfläche. Zum Riechen und Tasten, Sehen und Hören und natürlich zum Schmecken sind die Erlebniswelten für Jung und Alt angelegt. Auch der bekannte westfälische Schinken kommt nicht zu kurz, ganz zu schweigen von Bier und Korn. Auf Schautafeln, Multivisionswänden, mit Duftnoten, Grunzgeräuschen, Schweinerassen-Laufsteg und Melkversuchen können die Besucher erfahren, was Westfalen so unverwechselbar macht.

Hefegebäck oder Mettwurst – Ostwestfalens kulinarische Vielfalt zum Schnuppern und Kosten

Ostwestfalen kulinarisch

Alles auf eine Karte

Die Museen und der Museumsshop sind in sechs ehemaligen Ackerbürgerhäusern in der Langen Straße untergebracht. Die Eintrittskarte gibt es in der Langen Straße 12.
April–Okt. Mi.–So. 10.00–18.00 Uhr.

Alles Käse

In Menne's Schaukäserei in der Hospitalstraße 22 kann man zweimal pro Woche bei der Käseherstellung zuschauen. Wann das nächste Mal gekäst wird, erfährt man unter Tel. 0 52 74 4 72. Der Hofladen ist Mo.–Fr. 9.00–12.00 und 15.00–18.00 Uhr geöffnet, Sa. nur vorm.

www.westfalen-culinarium.de
www.dieschaukaeserei.de

NIEHEIM
MARIENMÜNSTER
HÖXTER
Altenbeken
BAD DRIBURG
BRAKEL
Oberwälder Land
BEVERUNGEN
Lauenförde
Boffzen
Fürstenberg
LICHTENAU
WILLEBADESSEN
PECKELSHEIM
BORGENTREICH
TRENDELBURG
Warburger Börde
HOFGEISMAR
LIEBENAU
WARBURG
DIEMELSTADT
GREBENSTEIN
VOLKMARSEN
Breuna
Calden
ZIERENBERG
BAD AROLSEN
Ahnatal
KASSEL
Habichtswald
WOLFHAGEN
Twistetal
Naturpark
Deutsche Märchenstraße
Deutsche Fachwerkstraße
Deutsche Alleenstraße
Maßstab 1:210.000
0
2
4km
1
2
3
4
5
6

Reichsäbte contra Kaufleute

Obwohl die Mönche der Reichsabtei Corvey auf dem östlichen und die Handelsherren der einstigen Hansestadt Höxter auf dem westlichen Weserufer nur einen Brückenschlag voneinander entfernt lebten, trennten sie doch Welten. Heute gelten beide Orte mit ihrem reichen historischen Erbe als touristische Highlights der Region.

1 Corvey

Mit dem seit 2014 zum UNESCO-Weltkulturerbe gehörenden karolingischen Westwerk (9. Jh.) der ehemaligen Benediktinerabteikirche sowie den barocken Konvent- und Schlossbauten ist **Corvey** TOPZIEL das bedeutendste Kulturdenkmal Ostwestfalens. 1803 wurde das Klostergut säkularisiert und fiel 1834 an die sich selbst Fürsten von Corvey nennenden Herzöge von Ratibor, die auch bis heute noch die Eigentümer sind.

SEHENSWERT
Das weitläufige **Klosterareal** mit Wirtschaftsgebäuden, Kirche und schlossartigen Konventsgebäuden wurde nach Zerstörungen im Dreißigjährigen Krieg zwischen 1667 und 1721 im Barockstil wiederhergestellt. Aus dem Mittelalter erhalten blieb das weltweit einzigartige karolingische Westwerk (873–885) der Abteikirche. Im Kapellenraum des Obergeschosses, Gastkirche der deutschen Könige und römischen Kaiser, sind karolingische Freskenreste erhalten, während das Kirchenlanghaus in einen kreuzrippengewölbten Saal mit Barockausstattung umgewandelt wurde. Als heutige Schlossteile beeindrucken der weitläufige Kreuzgang, die Äbtegalerie, der reich mit Stuck verzierte Kaisersaal mit Herrscherporträts und die fürstliche Bibliothek (April–Okt. tgl. 10.00 bis 18.00 Uhr). Das **Museum Höxter-Corvey** dokumentiert die Geschichte des Klosters, erschließt die Wohnwelt des 19. Jhs. sowie Leben und Werk des Hoffmann von Fallersleben. Der Dichter des „Deutschlandliedes" ist auf dem Klosterfriedhof begraben.

INFORMATION
Schloss Corvey, 37671 Höxter,
Tel. 05271 69 40 10, www.schloss-corvey.de

Tipp

Café Pammel

Mitten in der Fußgängerzone von Höxter liegt am Marktplatz ein modern gestaltetes Café zum Verweilen nach der ausgiebigen Besichtigung der vielen wunderschönen Fachwerkhäuser in der Altstadt. Himmlisch schmecken die Torten mit frischem Obst, lecker ist auch die mächtige Marzipantorte, ganz zu schweigen von den Strudelvariationen, den edlen Pralinen, witzigen Marzipanfiguren, pfiffigen Formtorten und dem besonderen Hexenpunsch. Auf Wunsch werden die Köstlichkeiten auch nach Hause geliefert.

CAFÉ PAMMEL
Marktstraße 10, 37671 Höxter,
Tel. 05271 79 30,
www.cafepammel.de, Mo.–Sa. 8.30–18.30, So. 10.00–18.00 Uhr

2 Höxter

Dem Weserübergang am Hellweg verdankt die „Villa Huxori" als 822 erstmals erwähnter Königshof ihre Entwicklung zur Handels-, Hanse- und heutigen Kreisstadt (29 500 Einw.). Aus der 1864 gegründeten Baugewerkschule entwickelten sich die heute existierenden Hochschuleinrichtungen als Standorte der Universität Paderborn.

SEHENSWERT
Reich dekorierte Bürgerbauten und Adelshöfe prägen die **Altstadt:** Altes Rathaus (13.–17. Jh.) am hist. Brückenmarkt (Weserstr. 11), Traufenhäuser in der Westerbachstraße sowie (Feldmarschall-)Tilly-Haus (1582) bei Nr. 33, Adelshof der Familie von Amelunxen (1561, Marktstr. 19, Dechanei genannt) mit über 60 geschnitzten Fächerrosetten, von Uffelnscher Adelshof (1610, Amtsgericht) am Möllinger Platz, prächtiges Adam-und-Eva-Haus mit Sündenfallthema in der Stummrigestr. 27. Die beiden von Weitem sichtbaren Spitztürme der imposanten **Kilianikirche** (11.–16. Jh., Renaissancekanzel, Barockorgel) sind Wahrzeichen der Stadt. Die barocke **Nikolaikirche** wurde 1766 am Markt errichtet. Das Forum Jacob Pins vereinigt die Werke des aus Höxter stammenden jüdischen Malers und Holzschneiders Jacob Pins (1917 bis 2005) mit dem Architekturdenkmal des Adelshofs Heisterman von Ziehlberg aus der Renaissance (Westerbachstr. 35–37, April–Nov. Di.–So. 10.00–17.00 Uhr, www.jacob-pins.de).

Denkmalgeschützte Pfarrkirche St. Nikolai in Höxter

VERANSTALTUNGEN
Bei den **Flößer- und Fischertagen** (Ende April/ Anf. Mai) gibt es Kostproben aus Fluss und Meer. Am **Märchensonntag** (Mitte Okt.) erlebt man in der Innenstadt mehrere Märchenerzähler und Puppentheateraufführungen. Der **Huxorimarkt** lockt mit zahlreichen Schaustellern, Flohmarkt und Unterhaltung verschiedenster Art (letztes Sept.-Wochenende).

UMGEBUNG
Im Fachwerkort **Beverungen** (15 km südl.) blieb der fünfgeschossige rechteckige Wohnturm einer Burganlage an der Weser erhalten, er ist 27 m hoch.

INFORMATION
Tourist-Information, Hist. Rathaus, Weserstr. 11, 37671 Höxter, Tel. 05271 194 33, www.hoexter-tourismus.de

Der Kaisersaal von Schloss Corvey ist prädestiniert für Veranstaltungen wie klassische Konzerte.

Skulptur im Klostergarten von Willebadessen; die alte Hansestadt Warburg an den Ausläufern des Eggegebirges

❸ Brakel

Die über 1100 Jahre alte einstige Hansestadt (17 000 Einw.) am Hellweg überrascht mit ihrem reizvollen histor. Ortskern. Im 19. Jh. dem ländlichen Handel zugewandt, hat sie durch mittelständische Unternehmen ihr Image aufpoliert.

SEHENSWERT

Die **Pfarrkirche**, als kreuzförmige Gewölbebasilika im 12. Jh. errichtet, erhielt um 1350 den got. Chor und im späten 17. Jh. ihre Barockausstattung. Das got. **Rathaus** (Mitte 14. Jh.) mit Treppengiebel und Renaissanceportal beherrscht den reizvollen Marktplatz. Die ehem. Kapuzinerkirche **St. Franziskus** (1715 bis 1718) ist der früheste Bau von Johann Conrad Schlaun (1695–1773), der als fürstbischöflicher Hofarchitekt in Münster wirkte.

UMGEBUNG

Die hoch liegende **Hinnenburg** (5 km nördl.) mit Umbauten aus dem 17./18. Jh. ist seit dem Mittelalter der Sitz der Grafen von (Bocholtz-) Asseburg. In **Bökendorf** (8 km nordöstl.) erinnert die Amateurtheater-Freilichtbühne (Tel. 05276 80 43, Ende Mai–Anf. Sept. an Wochenenden) an den Bökendorfer Romantikerkreis (1810–1834) um die Brüder Grimm und Annette von Droste-Hülshoff. In **Rheder** (2 km südl.), Sitz der Herren von Mengersen, überraschen die Pfarrkirche mit herrlicher Ausstattung (1716–1718) durch den jungen, später berühmten Johann Conrad Schlaun und das Schloss mit dreiflügeligem Wirtschaftsgebäude und Landschaftspark. **Gehrden** (8 km südwestl.) mit der ehem. Benediktinerinnenkirche (12./17. Jh.) gilt als eines der schönsten Dörfer Deutschlands.

INFORMATION

Tourist Information Brakel,
Am Markt 5, 33034 Brakel,
Tel. 05272 36 02 69,
www.brakel.de

❹ Bad Driburg

Die über 225-jährige Badtradition im Mineral- und Moorheilbad (19 500 Einw.) macht den Aufenthalt hier zu einem Wohlfühlerlebnis. Die in der Nähe der Iburg angelegte Siedlung stieg ab 1782 zum renommierten Modebad auf. Zu den illustren Kurgästen zählten einst Friedrich Hölderlin, Annette von Droste-Hülshoff, Friedrich Wilhelm Weber, Sophie von La Roche sowie Adolph von Knigge.

SEHENSWERT

Reizvoll ist ein Spaziergang durch den weitläufigen **Kurpark** mit histor. Bauten im landhausartigen Fachwerkstil. Den wunderschönen Gräflichen Park mit Brunnenarkaden ziert ein großer Teich mit Diotima-Insel und Hölderlin-Hain; angrenzend breitet sich ein Wildgehege aus. Das **Buddenberg Arboretum** enthält exotische Baumarten wie Ginkgo, Zaubernuss, Kaugummi- oder Taschentuchbaum. Der Park im Stadtteil **Bad Hermannsborn** ist mit Kastanienallee, bunt bepflanzten Beeten, Wassertreppen und Heidelandschaft ausgezeichnet. Entspannung bietet das warme Quellwasser der **Driburg Therme** (Georg-Nave-Str. 24, Tel. 05253 701 16, www. driburg-therme.de).

MUSEEN

Die jahrhundertealte Glasmachertradition Bad Driburgs wird im **Glasmuseum** lebendig (Schulstr. 7, Di.–So. 14.00–17.00 Uhr). Das Leonardo-Markengebäude **glass cube** ist nur bei Ausstellungen und Veranstaltungen zugänglich (www.leonardo.de/unternehmen-1/glass-cube-2/veranstaltungen.html). Das **Friedrich-Wilhelm-Weber-Museum** ist Geburtshaus des Arztes, Politikers und Dichters (1813 bis 1894), der durch sein Epos *Dreizehnlinden* bekannt wurde (Weberplatz, März–Okt. Mi., Do., Sa., So. 14.00–16.00, Nov.–Feb. Mi. 14.00 bis 16.00 Uhr). Die **Modellbahnschau** MO 187 im hist. Güterbahnhof macht im kleinen Maßstab einen Tag-Nacht-Wechsel im Bahnbetriebswerk Ottbergen und im Bahnhof Driburg nacherlebbar (Brakeler Str. 4, So. 11.00 bis 18.00 Uhr).

UMGEBUNG

In **Nieheim** (15 km nordöstl.) präsentiert das Westfalen Culinarium Wissenswertes über Käse, Schinken, Pumpernickel und Bier (siehe S. 80). Eisenbahnfreunde finden im hist. Bahnknoten **Altenbeken** (7 km nordwestl.) ein eindrucksvolles Viadukt (1853), alte Gleisanlagen und die 044er-Museumslok (1941). In **Neuenheerse** (10 km südl.) beeindruckt die einstige Damenstiftskirche mit barocker Innenausstattung. **Burg Dringenberg** (14./15. Jh., 10 km südöstl.), einst Sommersitz der Paderborner Bischöfe, reizt als sog. Mantelburg mit Torhaus, tiefem Ziehbrunnen, Kapelle sowie heimat- und naturgeschichtlichen Museen.

INFORMATION

Tourist Info Bad Driburg,
Lange Str. 140, 33014 Bad Driburg,
Tel. 05253 989 40, www.bad-driburg.com

❺ Willebadessen

Der Luftkurort (9000 Einw.) zwischen Egge und Warburger Börde im Nethetal besitzt mit der **Vituskirche** des 1149 gegründeten Benediktinerinnenklosters ein kunstgeschichtl. Kleinod. Die imposante Pfeilerbasilika auf einem Kreuzgrundriss des späten 12. Jhs. blieb trotz Chorumbau (15. Jh.) und teilweiser Barockisierung (frühes 18. Jh.) weitgehend erhalten. Im schlossartigen ehem. Konventbau finden Sonderausstellungen statt, auf dem Grüngelände wurden im Rahmen des **Europäischen Skulpturenparks** moderne Bildhauerarbeiten aufgestellt.

UMGEBUNG

Auf dem **Hitgenheierweg** (Ziegenhüterweg), einem Rundwanderweg, der am 2003 eröffneten Bahnhof beginnt, erschließt sich zwischen Egge und Börde mit Wildgehege und Eggequelle sowie Naturschutzgebieten ein reizvoller Landschaftseindruck. In **Kleinenberg** (7 km südl.) steht die Wallfahrtskirche Mariä Heimsuchung (1742) mit gotischem Gnadenbild in einem barocken Saalraum. Im einstigen Augustinerkloster (13. Jh.) in **Dalheim** (16 km südwestl.) mit Kirche, Konventsgebäuden und Gärten von der Spätgotik bis zum Barock befindet sich das LWL-Landesmuseum für Klosterkultur (Am Kloster 9, Di.–So. 10.00–18.00 Uhr).

INFORMATION
Tourist Information,
Klosterhof 1, 34439 Willebadessen,
Tel. 05646 94 20 93,
www.willebadessen.de

6 Warburg

Mauerumwehrt erhebt sich auf einem Hügel im Landschaftsgebiet Südegge-Diemeltal die 950 Jahre alte Hansestadt Warburg (24 000 Einw.) in ihrem spätmittelalterlichen Gewand. Neben Antonius Eisenhoit (1554–1603) als Silberschmied zählt der in Nörde geborene Barockbaumeister und Architekt Johann Conrad Schlaun (1695–1773) zu den berühmten Söhnen der Stadt.

SEHENSWERT
Umgeben von Wehrmauern und Türmen (13./14. Jh.) sowie Straßenzügen mit mittelalterlichen Steingebäuden und hübschen Fachwerkbauten erhebt sich die **Neustädter Pfarrkirche** (13. Jh.) mit ihrem lichtem spätgot. Chor aus dem 15. Jh. Auf dem Weg hinunter zur Altstadt passiert man die ehem. **Dominikanerkirche** (13./14. Jh.) sowie das im 15. Jh. gemeinsam auf die Grenze beider Quartiere gesetzte neue **Rathaus** und gelangt zur **Altstädter Pfarrkirche** (13. Jh.), einer dreischiffigen frühgotischen Halle mit Freskenresten (13./16. Jh.) und einem barocken Kreuzaltar aus dem Jahr 1725.

MUSEUM
Vor- und Frühgeschichte mit der Wartberg-Kultur, mittelalterliche Stadtgeschichte, Leben und Werk von Eisenhoit und Schlaun sind Schwerpunkte des **Museums im „Stern"** (Sternstr. 35, Di.–So. 14.30–17.00 Uhr).

VERANSTALTUNGEN
Der **Maimarkt** (2. Wochenende im Mai) bildet den Frühlingsauftakt, das **Kälkenfest** dominiert den Sommer (2. Wochenende im Aug.), und der besinnliche **Weihnachtsmarkt** beschließt das Jahr.

UMGEBUNG
In **Scherfede-Hardehausen** (11 km nordwestl.) locken in Hardehausen die baulichen Reste – meist aus der Barockzeit – des ersten Zisterzienserklosters Westfalens (um 1140) sowie das Wisentgehege mit Wisenten und Wildpferden; außerdem bieten sich von dort aus Wanderungen auf dem gut gekennzeichneten Egge-Kammweg an. In **Borgentreich** (13 km nördl.) befindet sich in der Pfarrkirche die größte erhaltene Springladenorgel (1730) von Johan Patroclus Möller; im Orgelmuseum gegenüber erfährt man alles über das Instrument (Marktstr. 6, Do.–So. 14.00–17.00, Sa. auch 10.00–12.00 Uhr).

INFORMATION
Tourist-Information, Hauptstr. 55,
34414 Warburg, Tel. 05641 90 88 00,
www.warburg-touristik.de

Genießen Erleben Erfahren

DuMont Aktiv

Ab in die Gesundheitsoase!

Wenn Bewegungsmangel, negativer Stress, falsche Essgewohnheiten und Umweltbelastungen zu Beschwerden führen, brauchen Körper und Geist eine Pause. Dann ist es Zeit für ein Wohlfühlprogramm. In der Driburg Therme mit heilkräftigem Quellwasser kann man neue Kraft tanken.

Aus 900 Meter Tiefe sprudelt das Thermalheilwasser in Bad Driburg. Mehrere unterschiedlich temperierte Innen- und Außenbecken sowie neun Saunen und Dampfbäder laden zum genussvollen Entspannen ein. Im Mittelpunkt der Wellness-Welt steht das Thermalbad mit seinem 32 Grad Celsius warmen Heilwasser im Atrium-Außenbecken und im Badetempel mit Rundbecken. Das kohlensäure- und fluoridhaltige Natrium-Calcium-Chlorid-Sulfat-Thermalwasser tut bei Muskel- und Gelenkbeschwerden, Wirbelsäulenerkrankungen, Herz-Kreislauf-Problemen, Durchblutungsstörungen, rheumatischen Beschwerden sowie vegetativen Erschöpfungszuständen gut.

Der Saunagarten umfasst eine Erd- und Biotopsauna. Wer es skandinavisch mag, kann sich in den drei finnischen Saunen beim Schwitzen vergnügen. In der römischen Dampfbadanlage wandelt man vom Heißluftraum allmählich in lauwarme und dann kühlere Gefilde, bis man unter den Erlebnisduschen dem Badevergnügen ein prickelndes Ende setzt.

Weitere Informationen

Öffnungszeiten
Mo. 14.00–22.00, Di.–Fr. 10.00 bis 22.00, Sa., So., Feiertag 10.00 bis 20.00 Uhr
Damensauna: Mi. 18.00–22.00 Uhr
Kerzenscheinsauna mit FKK-Badeabend: 1. Fr. im Monat, Einbruch der Dunkelheit bis 24.00 Uhr

Gastronomie
Tgl. wechselnde, frisch zubereitete Speisen im „Café Bistro Therme"

Driburg Therme, Georg-Nave-Str. 24,
33014 Bad Driburg,
Tel. 05253 701 16,
www.driburg-therme.de

Entspannung im warmen Nass: In der Driburg Therme finden Erholungsbedürftige die nötige Ruhe, um wieder zu Kräften zu kommen.

CAFE · BAR CELONA

Bischöfe und Ingenieure

Bischöfe prägten lange Zeit die Entwicklung in und um Paderborn, wo im Mittelalter häufig gekrönte Häupter zu Gast waren. Mit Gründung der Reformuniversität und der Nixdorf Computer AG wehte frischer Wind durch die alten Gemäuer. Traditionalisten und akademische Jugend erfreut die hohe Lebensqualität in der grünen Region.

Neben Paderborns Weserrenaissance-Rathaus (links) steht das ehemalige jüdische Kaufhaus Steinberg & Grünebaum, heute ein Café.

Der 94 m hohe Westturm des Paderborner Doms und die ehemalige Jesuitenkirche, heute Marktkirche, stehen Ende Juli, Anfang August ganz im Zeichen des Liborifests. Das dreigiebelige Rathaus ist ein weiteres Wahrzeichen der Stadt, die den Waschfrauen im Paderquellgebiet ein Denkmal setzte (im Uhrzeigersinn).

Der im März 1945 zerstörte barocke Hochaltar der Jesuitenkirche wurde in 15-jähriger Bauzeit bis 2004 vollständig rekonstruiert.

„Vor dem Himmel kommt das Leben auf Erden, und da gilt es, eine soziale Gesellschaft aufzubauen."

Heinz Nixdorf

Wasser war zu allen Zeiten ein kostbares Gut. In Paderborn sprudelt es mitten in der Stadt aus rund 200 Quellen der Pader und bildet Oasen voller erfrischendem Grün und plätschernder Behaglichkeit. Lange existiert die Pader allerdings nicht: Nach nur vier Kilometern mündet sie als kürzester Fluss Deutschlands in die Lippe. Die Zeiten, als das Quellgebiet der Pader vor allem von Waschfrauen aufgesucht wurde, sind inzwischen längst vorbei. An lauen Sommerabenden sind die hiesigen Grünflächen und Biergärten stattdessen fest in der Hand jüngerer und älterer Semester, die sich nach dem Unitag auf ein Bierchen treffen, bevor es ins Kino oder in den Jazzclub geht. Das Kneipenviertel schließt sich direkt ans Paderquellgebiet an.

Zum Kurort hat es die Bischofsstadt trotz der vielen hiesigen Quellen nicht gebracht, aber das Wasser war im Alltag der Paderborner Bürger stets allgegenwärtig. So klapperten die Mühlen am Fluss, um das Roggen- und Weizenmehl zu mahlen, das bis heute als Mischung für das kastenförmige charakteristische „Paderborner Brot" verwendet wird. Die sogenannte Wasserkunst an der Börnepader sorgte ab 1523 dafür, dass die Kraft des strömenden Wassers über ein Wasserrad auf eine Kolbenpumpe übertragen wurde, die mittels eines Rohrleitungssystems Wasser bergauf in die höheren Ortsteile beförderte. Das funktionierte bis 1887, dann wurde ein neues Leitungsnetz gelegt, und 1929 löste das Sennewasserwerk die historische Wasserversorgung vollends ab. Das Ingenieurswesen ist also schon seit Langem fest verankert in Paderborn.

Uni mit Tradition

Mittlerweile sind Informationstechnik, Elektrotechnik und Maschinenbau die tragenden Pfeiler der 1972 gegründeten Universität, die auf eine 1614 ins Leben gerufene Theologische Fakultät der Jesuiten zurückblicken kann. Die Paderborner Uni mit rund 20 000 Studierenden auf dem Campus an der Warburger Straße hat sich zum Ziel gesetzt, die naturwissenschaftlich-technische Entwicklung der Informations- bzw. Wissensgesellschaft voranzutreiben. Da inzwischen auch die Geistes- und Kulturwissenschaftler mit Computern arbeiten, können sie ebenfalls daran mitwirken. Längst allerdings stehen in den Seminarräumen keine Nixdorf-Computer mehr, und das, obwohl der Unternehmer Heinz Nixdorf mit seinen innovativen Produkten Paderborn seit dem

Alles dem Schutzpatron des Domes zu Ehren:
Spielmannszug vor dem Paderborner Rathaus

Das Heinz Nixdorf MuseumsForum zeigt Informationstechnik
vom Altertum bis heute.

Einst Residenz der Paderborner Fürstbischöfe, beherbergt Schloss Neuhaus heute unter anderem
eine städtische Realschule.

Bei der Liboriprozession werden die Reliquien des Heiligen vom Dom zum Rathaus getragen.

Special

Heinz Nixdorf

IT-Pionier

„Wir liefern keine Maschinen zur Zerstörung der alten, sondern Bausteine zum Aufbau einer neuen Welt", so Heinz Nixdorf 1979. Der 1925 in Paderborn geborene Erfinder und Unternehmer förderte die Informations- und Kommunikationstechnologie.
Nach dem Physik- und BWL-Studium in Frankfurt gründete er 1952 in Essen das später nach Paderborn verlegte Labor für Impulstechnik. Von 1961 bis 1974 wandelte sich das kleine Unternehmen zur Weltfirma Nixdorf Computer AG, die 1985 mit 23300 Mitarbeitern in 44 Ländern einen Umsatz von fast vier Milliarden DM erzielte. Kurz vor seinem Tod 1986 errichtete Heinz Nixdorf zwei gemeinnützige Stiftungen. 1990 übernahm die Siemens AG die Mehrheit der Nixdorf-Stammaktien, um das Unternehmen zwei Jahre später vollends in die Siemens AG einzugliedern.

Jahr 1960 zum strahlenden Stern am Himmel der Informationstechnologie machte.

Königreich Westphalen

Verwundert rieben sich die Paderborner im August 1807 die Augen, als sie sich im neu gegründeten Königreich Westphalen wiederfanden, mit Jérôme Bonaparte, dem jüngsten Bruder Napoleons, als ihrem König. Die neue Monarchie mit rund zwei Millionen Einwohnern und 38000 Quadratkilometer Fläche war das Ergebnis der Friedensverhandlungen im ostpreußischen Tilsit. Gegenüber dem verkleinerten Königreich Preußen sollte das Königreich Westphalen einen Pufferstaat bilden, bestehend aus den ehemaligen Kurfürstentümern Hessen und Hannover, dem Herzogtum Braunschweig-Wolfenbüttel, den einstigen Fürstbistümern Hildesheim, Osnabrück und Paderborn sowie vormals preußischen Gebieten westlich der Elbe.

Der 23-jährige Jérôme Bonaparte war wenige Wochen zuvor mit Prinzessin Katharina von Württemberg verheiratet worden und bestieg Mitte Dezember in Kassel, der Hauptstadt seines Königreichs, offiziell den Thron – für viele Zeitzeugen war dies der Beginn eines neuen Zeitalters ganz im Geiste der Aufklärung. Nach der radikalen Verwaltungsreform, der Einführung des Code Civil und des napoleonischen Gesetzbuches sowie der Neuordnung des Wirtschafts- und Finanzsystems genoss die staatsbürgerliche Gleichheit aller Bewohner höchste Priorität, was in der Praxis beispielsweise bedeutete, dass die Adelsprivilegien abgeschafft und die Juden gleichberechtigt wurden. Anders als es das Klischee vom Reich des „Königs Lustig" vermittelt, war das Königreich Westphalen mit seiner Verfassung inklusive Menschenrechtskatalog, der repräsentativen Volksvertretung sowie der entschiedenen Betonung von Bildung, erarbeitetem Rang und Vermögen die erste wirkliche Staatsbürgergesellschaft in ganz Deutschland. Anspruch und Wirklichkeit klafften allerdings recht weit auseinander, sodass Paderborner, Detmolder oder Mindener Bürger mit diesen übergestülpten Neuerungen nicht selten ein wenig überfordert waren. Als nach der Völkerschlacht bei Leipzig 1813 das Königreich Westphalen sang- und klanglos zu Ende ging, hatte es zumindest einige fortschrittliche Akzente in Deutschland gesetzt.

Multikulturelles Wachstum

Kaum eine andere Region wächst so beständig wie das Paderborner Land, nicht nur wirtschaftlich-kulturell, son-

Als „eine der schönsten Wellnesswelten Deutschlands" gilt die Westfalen Therme. Die Lippequelle an der Burgruine (ganz oben) schüttet rund 740 l pro Sekunde und speist …

… im weiteren Verlauf auch den Lippesee im Paderborner Stadtteil Sande.

Ob Surfbrett, Segel- oder Tretboot – der Lippesee ist ein Magnet für Wassersportler.

Dank der Hochschulen bleibt die Region jung und dynamisch: Ungefähr dreißig Prozent der Einwohner sind unter 25 Jahre alt.

dern auch in puncto Bevölkerung. Die Einwohnerzahl Paderborns hat sich von rund 103 000 im Jahr 1975 auf fast 150 000 bis zum März 2016 erhöht, das ergibt eine Zuwachsrate von weit über vierzig Prozent innerhalb von vierzig Jahren. Dank der Hochschulen bleibt die Region jung und dynamisch: Ungefähr dreißig Prozent der Einwohner sind unter 25 Jahre alt.

Tradition und Innovation schließen sich dabei nicht aus. Als Papst Johannes Paul II. der erzbischöflichen Kathedrale mit dem berühmten Liborischrein in Paderborn 1996 einen Besuch abstattete, stärkte er die Position des Katholizismus und forderte zugleich die jungen Menschen zum Dialog mit den Weltreligionen auf. Und als der damals 46-jährige Diplomkaufmann Emin Özel im Juli 2007 den Holzadler des Paderborner Bürger-Schützenvereins von der Stange schoss, krönte er sich zum ersten türkischen Schützenkönig Deutschlands. Der 1971 in die Bundesrepublik eingewanderte Özel betreibt mittlerweile eine Werbeagentur mit multiethnischer Mitarbeiterschaft, darunter sind Türken, Griechen, ein Halbschotte, eine Halbnordirin und ein Kasache, aber auch etliche Deutsche, die sich alle im Paderborner Land wohlfühlen. So folgt auf Tradition und Innovation zu guter Letzt Integration.

BIER UND KORN

Wärmt Kehle und Seele

In einem traditionsreichen Getreideanbaugebiet wie Ostwestfalen gehört Bier fast zur alltäglichen Nahrung. Dass sich aus Getreide auch vorzüglicher Kornbrand herstellen lässt, weiß man hier seit 500 Jahren.

Hochwertige Kornbrände kann man in Ostwestfalen vielerorts kosten.

Bier war bereits im frühen Mittelalter Getränk für die Massen. Als es Ende des 15. Jahrhunderts gelang, aus Getreide Kornbrand herzustellen, fürchteten die städtischen Bierbrauer die Konkurrenz, die durch die Verwertung großer Mengen Roggen, Weizen und Gerste den Getreidepreis in die Höhe trieb. Auch die Obrigkeit reagierte nicht mit Wohlwollen, denn Getreide war in erster Linie Nahrungs-, nicht Rauschmittel. Der Große Kurfürst von Brandenburg als Landesherr Westfalens wollte die „Schnapshöllen" gar ganz verbieten. Doch nach seinem Tod 1688 konnten sich der Landadel und einige große Güter das Privileg der Kornbrennerei sichern. Später gesellten sich großbäuerliche Betriebe dazu, die rasch erkannten, dass mit dem Abfallprodukt der Branntweinherstellung, der Schlempe, außerdem die Schweine gefüttert werden konnten und prächtig gediehen.

Ein erstes Reinheitsgebot für das Brennen von Kornbränden wurde erst 1789 im thüringischen Nordhausen geschaffen, wo damals festgelegt wurde, dass mindestens zwei Drittel Roggen und höchstens ein Drittel Gerste oder Malz verwendet werden dürfen. Für das Deutsche Reich wurde dann erst im Jahr 1909 ein Reinheitsgebot für Kornbrände erlassen.

Mit Wacholdernote

Nach der Schrotung und Vergärung des reifen Getreides wird in den Brennereien ein Rohalkohol gewonnen und einer mehrfachen Destillation unterzogen, ehe das hochprozentige Kornfeindestillat mit Wasser verschnitten und auf Trinkstärke herabgesetzt wird. Mindestens 32 % Vol. Alkoholgehalt muss ein Korn haben, ein Doppelkorn 38 % Vol.

Auf Getreidefeldern wächst der notwendige Rohstoff für die „Flüssignahrung“ und die stärkeren Destillate.

Typisch Ostwestfalen: Steinhäger in der „Kruke" und Bier nicht nur im Glas, sondern auch auf dem Teller – etwa in Form einer Biersuppe

Wer eine Wacholdernote bei klaren Bränden schätzt, wird beim Steinhäger fündig, der in seiner charakteristischen Flasche aus braunem Steingut, auch Kruke genannt, daherkommt. Während übliche Wacholderschnäpse einfach aromatisiert werden, wird für den Steinhäger aus Steinhagen mit geschützter Herkunftsbezeichnung eigens eine Wacholderbeermaische hergestellt, aus der der sogenannte Wacholderlutter herausdestilliert wird, um dann mit ausgesuchtem Quellwasser auf Trinkstärke herabgesetzt zu werden.

Bier – ein Hexenwerk?

Auch die Biere sind trotz Globalisierung noch häufig ortsgebunden. In Ostwestfalen lebten die einfachen Leute in den Dörfern früher von Brot und Bier. Die Zubereitung von beidem lag in den Händen von Frauen, ein Sudkessel gehörte meistens zur Mitgift. Doch war im Mittelalter eine gewisse männliche Skepsis vorhanden, und nicht immer war den Männern das trübe Gesöff bekömmlich. So konnte es passieren, dass sich etwas „zusammenbraute" über dem Brauweib und es gar als Hexe auf dem Scheiterhaufen endete. Vermutlich geht auch der Brauch des Anstoßens in diese Zeit zurück. Beim heftigen Zusammenstoßen der Krüge schwappte immer etwas Bier in den Krug des Spenders über. Wenn der ohne Zögern trank, konnte der Eingeladene sicher sein, dass ihn sein Gastgeber nicht vergiften wollte.

Das gewöhnliche Bier in Ostwestfalen war laut Chronikberichten meist dünn und lasch, mit Ausnahme des später entwickelten Altbiers. Dann kam jedoch das Pils in Mode und setzte sich in ganz Norddeutschland durch. Neben Detmolder und Paderborner zählt das Herforder Pils zu den überregional bekannten Marken. Eigentlich wird es seit 1878 in Hiddenhausen, einer Nachbarstadt Herfords, gebraut. Die Herforder Brauerei, die mittlerweile zur Warsteiner Gruppe gehört, zählt zu den zehn größten Fassbierbrauereien Deutschlands. Neunzig Prozent ihres Umsatzes entfallen auf Pils.

Genießen vor Ort

Steinhäger aus Steinhagen
im Direktverkauf bei Schwarze & Schlichte in Oelde, Paulsburg 1–3, Tel. 02522 9 30 20, www.schwarze-schlichte.de, Mo.–Fr. 9.30–12.30 Uhr

Detmolder Pilsener
in Strate's Brauhaus, Detmolds zweitältestem Fachwerkhaus, Lange Str. 35, Tel. 05231 99 99 45, www.strates-brauhaus.de

Paderborner Gold Pilsener
im Paderborner Brauhaus, einfach Kisau genannt, mit schönem Biergarten, Kisau 2, Tel. 05251 28 25 54

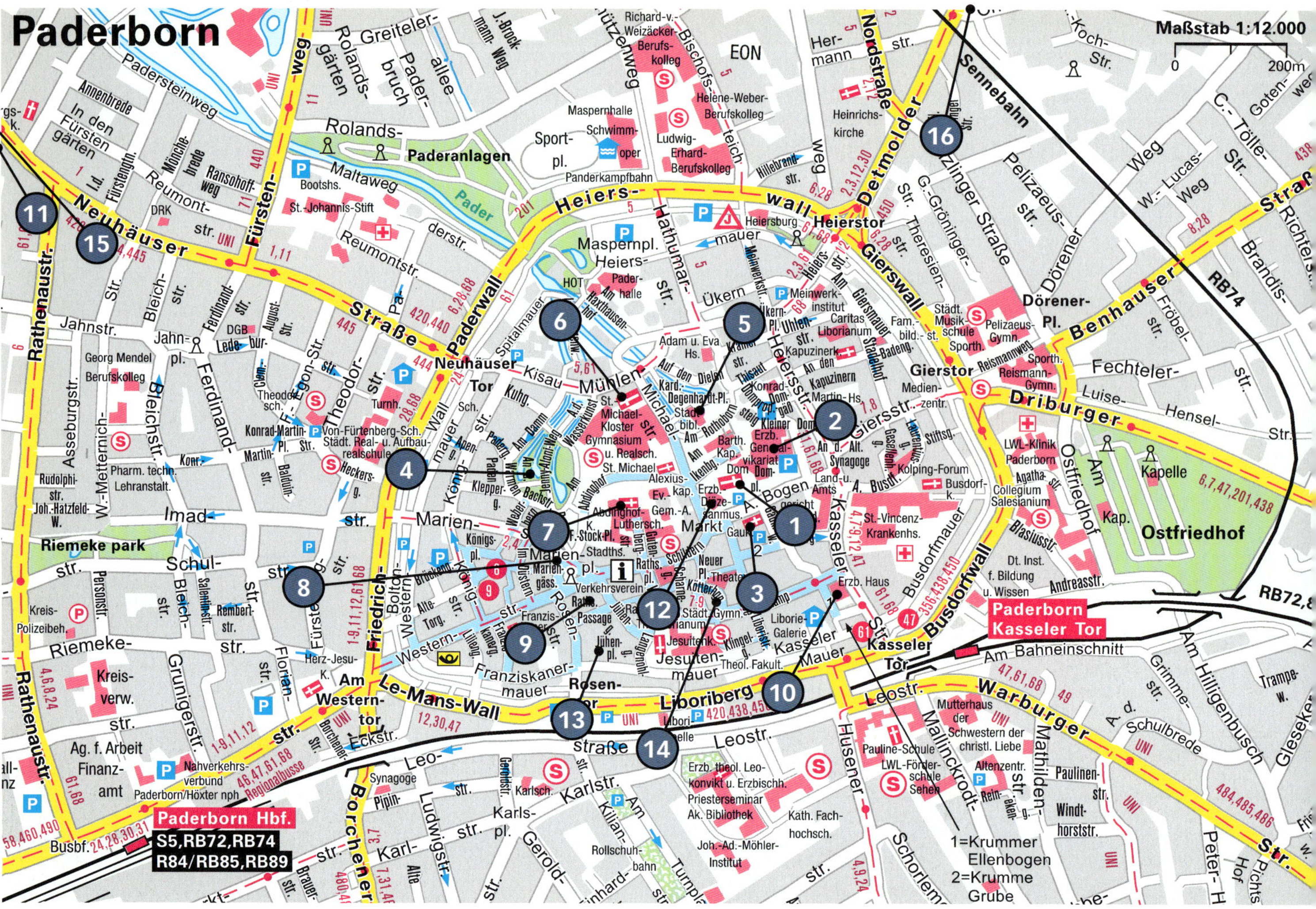
Paderborn
Maßstab 1:12.000
0
200m
Paderanlagen
Rolands-gärten
Neuhäuser-Str.
Heiers-wall
Heierstor
Detmolder-Str.
Gierswall
Gierstor
Driburger Str.
Benhauser Str.
Ostfriedhof
Riemeke park
Rathenaustr.
Padewall
Friedrich-Str.
Le-Mans-Wall
Liboriberg
Busdorfwall
Warburger Str.
Neuhäuser Tor
Westerntor
Kasseler Tor
Paderborn Kasseler Tor
Paderborn Hbf.
S5,RB72,RB74
R84/RB85,RB89
RB74
RB72
Sennebahn
1=Krummer Ellenbogen
2=Krumme Grube
1
2
3
4
5
6
7
8
9
10
11
12
13
14
15
16

Hövelhof
Schlangen
BAD LIPPSPRINGE
Altenbeken
DELBRÜCK
SCHLOSS NEUHAUS
ELSEN
PADERBORN
BAD DRIBURG
SALZKOTTEN
Borchen
GESEKE
LICHTENAU
Maßstab 1:210.000
0
2
4km
17
18
19

Von der Pader zum PC

Zwischen der Pfalz Karls des Großen nahe den Paderquellen und dem Heinz Nixdorf MuseumsForum durchquert der heutige Besucher Paderborns auf wenigen Kilometern mehr als 1200 Jahre Kulturgeschichte. Bad Lippspringe, Delbrück und Borchen bieten Wellness, Wander- und Radfahrmöglichkeiten.

① – ⑯ Paderborn

Die ehrwürdige Bischofs- und junge Universitätsstadt (150 000 Einw.) besticht durch ihre vielfältige Mischung aus grandiosen steinernen Zeugen der Vergangenheit und lebensfroher Gegenwart. Mit der 1972 gegründeten Universität und derzeit rund 20 000 Studierenden sowie der Erhebung zur Großstadt durch die1975 erfolgte kommunale Neugliederung schaut Paderborn hoffnungsvoll in die Zukunft.

SEHENSWERT

Mit ihrem mächtigen Westturm dominiert die erzbischöfliche Kathedrale St. Maria, St. Liborius und St. Kilian, landläufig ① **Dom** genannt, das Stadtbild. Unter Einbindung älterer Vorgängerbauteile entstand im 13. Jh. eine dreischiffige Hallenkirche mit zwei Querhäusern im Stil der Gotik. Die weiträumige roman. Krypta (um 1140) unter Ostchor und Vierung, nach Speyer die größte in Deutschland, bewahrt die Reliquien des hl. Liborius als Schutzpatron für Erzbistum und Stadt. Wertvollste Ausstattungsstücke sind das Paradiesportal (vor 1240) sowie der spätgotische Hochaltar (um 1440), das monumental-prunkvolle Epitaph des Fürstbischofs Dietrich von Fürstenberg (gest. 1618). Von der karolingischen Königs- und Kaiserpfalz an der Nordseite des Doms sind nur Grundmauerreste eines Saalbaus (Aula) erhalten. Auf den alten Grundmauern wieder aufgebaut wurde 1976 bis 1978 die jüngere ottonisch-salische ② **Kaiserpfalz** (11./12. Jh.) als Museum. Die Pfalzkapelle, heute **Bartholomäuskapelle** (um 1017), wurde von byzantinischen Werkleuten errichtet. Hinter der barocken Fassade (1740) der ③ **Gaukirche** (St. Ulrich) am Markt mit auffälligem Achteckturm verbirgt sich ein romanischer Kirchenraum (12. Jh.). Westlich des Doms liegt das ④ **Paderquellgebiet**, wo aus über 200 Quellen im Durchschnitt 5000 l Wasser pro Sek. strömen. Von der Kaiserpfalz gelangt man zur barocken ehem. ⑤ **Domdechanei** (1676 bis 1678, Stadtbibliothek) im Geißelschen Garten, entlang der Hathumarstraße zum Fachwerkbau Adam-und-Eva-Haus (um 1550) und durch das Grüngebiet zur Kirche ⑥ **St. Michael** mit reich verzierter Barockfassade. Biegt man von der Michaelstraße am Abdinghof ab, erhebt sich dort die ev. ⑦ **Abdinghofkirche** als ehem. Benediktinerklosterkirche, eine schlichte dreischiffige romanische Pfeilerbasilika (11. Jh.) mit Krypta. Die Mariensäule (1861) markiert den ⑧ **Marienplatz** mit dem Heisingschen Haus im Fassadenschmuck der Weserrenaissance (um 1600). Den anschließenden Rathausplatz mit Kümpe zur Wasserversorgung beherrscht das dreigiebelige ⑨ **Rathaus** als Prachtbau der Weserrenaissance (1613–1620) mit Lauben in den platzseitigen Erkerbauten (Ausluchten). Während die Westernstraße zur saalartigen barocken **Franziskanerkirche** (1668–1671) führt, lenkt der Kamp zur **Jesuitenkirche** (1682–1692) als Emporenbasilika in manieristischer Ausformung und weiter zum ⑩ **Erzbischöflichen Palais** (1716), einem Frühwerk des westfälischen Barockbaumeisters Johann Conrad Schlaun. Das nordwestlich der City im Stadtteil Neuhaus gelegene ⑪ **Schloss Neuhaus** TOPZIEL, einst Residenz der Fürstbischöfe von Paderborn, ist ein Prachtbau der Weserrenaissance. Mit seinen Nebengebäuden und dem Barockgarten bildet das vierflügelige Wasserschloss aus dem 16. Jh. den Mittelpunkt des Schloss- und Auenparks, des ehemaligen Landesgartenschaugeländes (1994). Im Remter, dem Speise- und Versammlungssaal des Schlossgebäudes, informiert eine ständige Ausstellung über die Baugeschichte der fürstbischöflichen Residenz, von der wenige historische Gemächer erhalten blieben (Sa. 13.00–18.00, So. 10.00 bis 18.00 Uhr). Das Kunstmuseum im Marstall beherbergt die städtische Kunstsammlung mit Malerei und Grafik des 20. Jahrhunderts. Die angegliederte Sammlung Nachtmann enthält wertvolle Keramik- und Glasobjekte sowie die Schlossgrabenfunde zur höfischen Alltagswelt. Die Natur des heimischen Raums in interaktiver Weise zu erschließen, ist Aufgabe des Naturkundemuseums im Marstall (Im Schloßpark 9, Di.–So. 10.00–18.00 Uhr). Die Städtische Galerie in der Reithalle stellt Kunstthemen vom 16. bis frühen 20. Jh. vor (Im Schloßpark 12, Di.–So. 10.00–18.00 Uhr).

Paderborn hat Sehenswertes für Freunde historischer Baukunst und Fans von eher Modernerem zu bieten: Schloss Neuhaus vs. Heinz Nixdorf MuseumsForum und Roboterdetail.

WEITERE MUSEEN

Das Museum in der nach Originalfunden des 11. Jhs. rekonstruierten ② **Kaiserpfalz** gibt Einblick in die Geschichte (8.–11. Jh.) von

Karl d. Gr. bis zum tatkräftigen Bischof Meinwerk (Am Ikenberg, Di.–So. 10.00–18.00 Uhr). Einer der bedeutendsten Kirchenschätze Deutschlands befindet sich im 12 **Erzbischöflichen Diözesanmuseum** (Markt 17, Di.–So. 10.00–18.00 Uhr). Im neuen 7 **Museum für Stadtgeschichte** am Abdinghof wird die Historie Paderborns in Szene gesetzt (Am Abdinghof 11, Eröffnung Feb. 2017). Von der Gründung der Domschule (799) über die jesuitische Universitätsgründung (1614) bis zum Klassenzimmer um 1900 spannt sich der kulturgeschichtliche Bogen im 13 **Schulmuseum Paderborn** (Jühenplatz 1, Di.–Do. 10.00–12.00 Uhr). Das 14 **ars sacrale** genannte Museum im Hause Cassau, einer Gold- und Silberschmiedewerkstätte, zeigt kunstvolles liturgisches Gerät (Grube 7, Mo.–Fr. 9.30–18.30, Sa. 9.00–13.00 Uhr). Im größten Computermuseum der Welt, im 15 **Heinz Nixdorf MuseumsForum (HNF)** **TOPZIEL**, beeindrucken 5000 Jahre alte Schrifttafeln neben historischen Schreib- und Rechenmaschinen, ersten PCs und neuesten Software-Entwicklungen. Digitale Werkbänke, Multimedia-Terminals, Softwaretheater und vieles mehr animieren zum Ausprobieren (Fürstenallee 7, Di.–Fr. 9.00–18.00, Sa./So. ab 10.00 Uhr). Das 16 **Deutsche Traktoren- und Modellautomuseum** umfasst über 100 Traktoren sowie fast 10 000 Modellfahrzeuge (Karl-Schoppe-Weg 8, Fr.–So. 10.00–18.00 Uhr).

THEATER UND MUSIK

Die **Westfälischen Kammerspiele** sind Paderborns Schauspielhaus im 2011 eröffneten Neubau (Neuer Platz 6, Tel. 05251 288 11 02, www.theater-paderborn.de). Als kleines Lesetheater hat sich das **Amalthea-Theater** etabliert (Jühengasse 10, Tel. 05251 224 24, www.amalthea-theater.de). Gastspiele gibt es in der **PaderHalle** (Heiersmauer 45–51, Tel. 05251 29 97 50, www.paderhalle.de), wo auch Konzerte und Bälle stattfinden. **Kirchenmusik** ist außer im Dom in der Abdinghofkirche zu hören. Kammerkonzerte und Solistenabende gibt es im Audienzsaal von **Schloss Neuhaus**.

VERANSTALTUNGEN

Während der **Puppenspielwochen** (Ende Feb.) tanzen die Puppen. Der Paderborner **Osterlauf** am Karsamstag ist seit über 60 Jahren Tradition. Zum Holzadler-Abschuss treffen sich Schützen und Bürger beim trad. **Schützenfest** (Anf. Juli). Das **Liborifest** sorgt Ende Juli/Anf. Aug. sowie Ende Okt. für Ausgelassenheit.

UMGEBUNG

Ein beliebtes Naherholungsziel ist der **Lippesee** in Paderborn-Sande; ein 6,5 km langer Rundweg führt als Naturlehrpfad um das Gewässer (Wassersport, Badestrand).

Freizeitoptionen: Radtour mit Stärkung; Abstecher zur Trinkhalle der Liboriusquelle; entspannendes Moorbad

INFORMATION

Tourist Information Paderborn,
Marienplatz 2 a, 33098 Paderborn,
Tel. 05251 88 29 80, www.paderborn.de

17 Bad Lippspringe

Wo der Lippefluss entspringt, dienen gleich drei Heilquellen und drei Kurparks im heilklimatischen Kurort (16 000 Einw.) zwischen Südrand des Teutoburger Walds und Eggegebirge der Linderung von Asthma, Atemwegs-, Herz-Kreislauf-Erkrankungen sowie Allergien. 2017 wird zwischen Kurwald, Kurpark und Innenstadt die Landesgartenschau Bad Lippspringe stattfinden – mit Blumenschauen, Themengärten und Events. Damit präsentiert sich die Landesgartenschau Nordrhein-Westfalen erstmals vor einer Waldkulisse.

SEHENSWERT

Nahe der **Burgruine** (14. Jh.) im alten Stadtkern mit historischen Mauerzügen liegt die schüttungsstarke **Quelle der Lippe**, die nach rund 260 km bei Wesel in den Rhein mündet. Unweit davon entspringt das Flüsschen Jordan, in dem sich angeblich einst viele Sachsen taufen ließen. Der Cheruskerführer Arminius war Namensgeber für eine weitere Mineral- und Thermalquelle im Arminiuspark. Eine neugotische Trinkhalle markiert die heilkräftige Liboriusquelle. Die Martinusquelle speist verschiedene Thermalbäder. In der **Kaiser-Karls-Trinkhalle** kann man drei verschiedene Heilwasser verkosten.

MUSEEN

Das **Heimatmuseum „Haus Hartmann"** informiert über die wechselvolle Geschichte der Stadt – mit Exponaten vom Mammutzahn bis zum Bierkrug des letztjährigen Stadtfestes (Kirchplatz 1, So. 10.00–12.00 Uhr).

Wo der Lippefluss entspringt, dienen gleich drei Heilquellen und drei Kurparks der Linderung von Asthma sowie von Allergien.

AKTIVITÄTEN

Die **Westfalentherme** (Schwimmbadstraße), die **Arminiustherme** (im Parkhotel, Peter-Hartmann-Allee 4) sowie das **Thermalfreibad am Kurwald** ermöglichen Bade-, Sauna- und Wellnessspaß für jedes Wetter. In vierfacher Lichtgeschwindigkeit bewegt sich der Spaziergänger, wenn er vom Kurpark aus auf einem 6 km langen **Rundwanderweg** im Maßstab 1 : 1 Mrd. entlang des Planetenwegs flaniert.

INFORMATION

Tourist-Information,
Lange Str. 6,
33175 Bad Lippspringe,
Tel. 05252 977 00,
www.bad-lippspringe.de

18 Delbrück

Die Kleinstadt (30 000 Einw.) mit den zahlreichen hübschen Fachwerkbauten am denkmalgeschützten Boker Kanal, der mit Schleusen und Bewässerungsanlagen aufwartet, ist von einem wahren Paradies für Fahrradfahrer umgeben.

SEHENSWERT

Am Kirchplatz erhebt sich die **Pfarrkirche St. Johannes Baptist** mit markantem Turm und romanischem Mittelschiff inmitten eines Kranzes von Giebelhäusern einschließlich des Pastorats als stattlichem Fachwerkbau (1716) von Johann Conrad Schlaun. In Delbrück-Westenholz liegt der schöne alte **Speicher**, in Delbrück-Lippling die sehenswerte **Lipplinger Kapelle**. In Delbrück-Boke enthält **St. Landolinus** noch einige mittelalterliche Ausstattungsstücke, während der **Boker-Heide-Kanal**

(1850–1853) mit seinen zahlreichen Brücken und Schleusen ein bedeutendes technisches Denkmal in dieser Region ist. In Delbrück-Anreppen können Reste eines kurzlebigen **Römerlagers** (4–9 n. Chr.) für 6000 Soldaten betrachtet werden.

UMGEBUNG
Mitten in der **Senner Heidelandschaft**, auch als Radweg Senne-Parcours Hövelhof erschlossen, wo im Naturschutzgebiet Moosheide die Quellen der Ems sprudeln, liegt **Hövelhof** (10 km nordöstl.) mit dem fürstbischöflichen Jagdschloss (17. Jh.) in Fachwerkbauweise, dem Heimathaus des „Plattdeutschen Kreises" sowie der mithilfe von Wasser betriebenen Henkenmühle (1620), der Furlmühle (1591) und dem reizenden Dorfschulmuseum in Hövelhof-Riege.

INFORMATION
Stadt Delbrück,
Lange Str. 45,
33129 Delbrück,
Tel. 05250 99 61 12,
www.stadt-delbrueck.de

19 Borchen

Hügel- und Steinkistengräber sowie eine frühgeschichtliche Wallburg lassen sich zusätzlich zu den hist. Dorfkernen auf Wanderwegen in den fünf Orten der Gemeinde (13 500 Einw.) entdecken.

SEHENSWERT
In Nordborchen steht der herrschaftliche **Mallinckrodthof** (17. Jh.) in Fachwerkbauweise, in Borchen-Dörenhagen birgt die alte **Wehrkirche** (13. Jh.) im Innern noch Fresken, und die Pilgerkapelle **Zur hilligen Seele** liegt in einem Lindenwäldchen. Die **Alte Kirche** in Borchen-Alfen ist ein schön gestaffelter spätromanischer Bau. Auch die **Wehrkirche St. Michael** in Borchen-Kirchborchen weist noch romanische Züge auf. **Schloss Hamborn** (Waldorfschule) in Borchen-Hamborn kann auf eine 200-jährige Geschichte zurückblicken.

UMGEBUNG
Ein beschilderter **Rundwanderweg** (ca. 1,5 Std.) startet beim Rathaus in Borchen-Kirchborchen, führt zu den jungsteinzeitlichen Steinkistengräbern, zur frühmittelalterlichen Wallburg bei Gellinghausen und zu den bronzezeitlichen Hügelgräbern bei Etteln. In **Lichtenau** (14 km südöstl.) lohnen die Pfarrkirche St. Kilian (13.–15. Jh.), das Burg-Steinhaus (14. Jh.) sowie der Spieker als Fachwerkbau (1588) und im Ortsteil Atteln die dortigen Steinkammergräber (5. Jt. v. Chr.) einen Besuch.

INFORMATION
Gemeinde Borchen,
Unter der Burg 1 / Rathaus,
33178 Borchen,
Tel. 05251 388 80,
www.borchen.de

Genießen Erleben Erfahren

DuMont Aktiv

Radeln und staunen

Auf der 255 Kilometer langen Paderborner Land Route durch eine der schönsten Regionen Nordrhein-Westfalens kommt man aus dem Staunen nicht mehr heraus. Man genießt die abwechslungsreiche Natur, und imposante Bauwerke erzählen ihre Geschichte.

Die Route führt Sie unter anderem durch das Naturschutzgebiet Moosheide, durch die grünen Wälder des Eggegebirges, an der Aabachtalsperre vorbei, über die großen Feld- und Flurlandschaften bei Delbrück und entlang der Flussniederungen von Ems, Lippe, Pader und Alme. Toll sind auch die Kurparks in der Blumenstadt Bad Lippspringe. Zu den imposanten Bauwerken an der Strecke zählen die Wewelsburg, Deutschlands einzige Dreiecksburg, die beeindruckende Klosteranlage Dalheim und der Altenbekener Eisenbahnviadukt. In Paderborn faszinieren Schloss Neuhaus, Rathaus und Dom; Computerfans besuchen das Heinz Nixdorf MuseumsForum.

Die Paderborner Land Route, 2014 vom ADFC mit drei Sternen ausgezeichnet, ist fast ausschließlich auf separaten Radwegen zu befahren. Starten kann man überall, die Tour ist in beide Richtungen ausgeschildert. Tipp: Fahren Sie im Uhrzeigersinn (weißer Pfeil)!

Weitere Informationen

Bad Driburg – Paderborn, 45 km
Ab Bad Driburg bergauf durch den Naturpark Teutoburger Wald, dann an dessen Südseite leicht hügelig über Altenbeken und Bad Lippspringe (Westfalen- und Arminius-Therme) nach Paderborn („Schwimmoper"); meist verkehrsarm.
Paderborn – Gütersloh, 50 km
Flache, malerische Strecke, vorbei an vielen Sehenswürdigkeiten (Schloss Neuhaus, Lippesee, Boker Kanal), durch Delbrück (Hallenbad am Nordring, „Flair Oase"), Rietberg (Freibad), Rheda-Wiedenbrück bis Gütersloh (Freizeitbad „Die Welle"); weitgehend verkehrsarm.
Bad Wünnenberg – Paderb., 50 km
Von Bad Wünnenberg (Kneippen, Erlebnis-Barfußpfad) am Nordrand des Sauerlands geht es durch die Täler von Afte und Alme meist abseits des Straßenverkehrs bergab bis nach Paderborn.
www.teutoburgerwald.de

Idyllisch gibt sich die Landschaft (nicht nur) rund um die Aabachtalsperre, wo sich ein Erholungspäuschen anbietet.

Kleinode am Hellweg

Entlang der alten Heer- und Handelsstraße entdeckten wagemutige Kaufleute früh den Fernhandel als Quelle des Wohlstands und investierten in Kultur. Die eindrucksvollen Stadtbilder der einstigen Hansestädte Soest, Lippstadt oder Geseke kontrastieren mit fruchtbarer Landschaft und barocken Einsprengseln wie dem ehemaligen Jesuitenkolleg in Büren oder Schloss Schwarzenraben.

Nicht der Westfälische Hellweg, sondern eine Landstraße durch die Börde bei Werl – das allerdings liegt am einstigen Hellweg.

Das Pilgrim-Haus in Soest, einst eine Herberge für Jakobspilger, gilt als ältester Gasthof Westfalens.

Nachbarn in Soests Zentrum: das barocke Rathaus und das romanische St.-Patrokli-Münster

Der zeitgenössischen Kunst hat sich das Wilhelm-Morgner-Haus verschrieben.

Wie ein Gemälde von Degas: junge Ballerinen bei einer Aufführung im Morgner-Haus

Special

Künstler in Soest

Kunstmekka

Jedes Jahr vergeben die Soester ein Arbeitsstipendium an einen Künstler. So entwickelt sich fort, was bereits an schöpferischer Kraft aus der Hansestadt hervorging.

Otto Modersohn, 1865 in Soest geboren, entwickelte mit seinem Naturlyrismus die Landschaftsmalerei weiter und wurde 1895 Mitbegründer der Künstlerkolonie von Worpswede. Wilhelm Morgner (1891–1917) stammte ebenfalls aus Soest, gehörte dem Frühexpressionismus an und kam 1912 in Kontakt mit der Münchner Gruppe des „Blauen Reiters". Christian Rohlfs (1849–1938) brachte bei Sommeraufenthalten 1904–1906 Soester Motive auf die Leinwand. Auch Emil Nolde (1867–1956) und Karl Schmidt-Rottluff (1884–1976), die beide zur expressionistischen Künstlergruppe „Brücke" gehörten, fanden Gefallen an Soest.

Weshalb der Hellweg so heißt, wie er heißt, ist umstritten. Vielleicht war es ein Höllenweg, mit Leichen gepflastert, denn viele Heere zogen einst entlang, wo heute die Bundestraße 1 von Paderborn über Soest, Dortmund und Essen zum Rhein führt, landläufig Ruhrschnellweg genannt.

Als Teil einer historischen Heer- und Handelsstraße in Westostrichtung am Nordrand der Mittelgebirge verband der Hellweg den Rhein mit Weser und Elbe, führte streckenweise auch an einem trockenen erhöhten Talrand (Hele = Halde) entlang und könnte auch von daher seinen Namen erhalten haben. Da auf der alten Handelsroute unter anderem das kostbare Salz transportiert wurde, meinen einige Forscher, die Wegbezeichnung leite sich von „hal" ab, dem alten Wort für Salz, wie in Hall und Halle.

Schnurgerade verläuft oft die Streckenführung, wie Perlen reihen sich die Orte aneinander, meist im Abstand von 15 bis 20 Kilometern, sodass Nachrichten schnell überbracht und stets Nachtquartiere gefunden werden konnten. All diese Städte profitieren bis heute von der Handelsstraße, wirtschaftlich genauso wie touristisch, von den mittelalterlichen Kontoren des Hansebunds bis zu modernen Logistikzentren, von den Kulturdenkmälern der Vergangenheit bis zum Freizeitvergnügen der Gegenwart.

Hansetradition

Als der Internationale Hansetag im Juni 1995 nach Soest einberufen und ordentlich gefeiert wurde, war mancher Besucher etwas irritiert, denn mit Hanse verbindet man zumeist Küstenstädte. Doch es waren Kaufleute aus Westfalen, die sich im 12. Jahrhundert zu Kaufmannsgruppen zusammenschlossen, also eine Schar bildeten – die Urbedeutung von Hanse. Händler aus Dortmund, Münster und Soest riefen 1166 auf der Ostseeinsel Gotland in Wisby die Gotländische Genossenschaft ins Leben, Keimzelle der Hanse, um damit den Handel zwischen den rheinisch-westfälischen, niederländischen, englischen, skandinavischen und russischen Wirtschaftsgebieten zu intensivieren. Die weitere Entfaltung der Hanse ging einher mit dem Aufstieg der Städte – Lübeck als späteres Haupt der Hanse wurde 1159 gegründet – und der Ausweitung der Ostkolonisation. Im Juli 1253 trafen sich Abgesandte der Städte Soest, Dortmund, Münster und Lippstadt in Werne, um sich in einer Art „Westfälischem Städtebund" gegenseitige Hilfe zu versichern.

Markante Punkte in und um Lippstadt: der Alberssee im Abendlicht, die wuchtige Wewelsburg, der Wasserturm bei Lippstadt und eine der (hier Friedrich den Großen darstellenden) Figuren am Bürgerbrunnen vor dem Rathaus (im Uhrzeigersinn)

150 Jahre später war Soest eine der reichsten Städte in Westfalen. Das Handelsnetz der Hanse war sehr umfangreich, vom Seehandel über den Nah- und Landhandel wurde eine außerordentliche Vielfalt von Handelsgütern vertrieben, verbunden mit einem nicht zu unterschätzenden Kulturaustausch. Mit der Entdeckung Amerikas und der Entstehung der frühmodernen Staatenwelt verlor die Hanse an Bedeutung. Soest nahm 1608 zum letzten Mal an einem großen Hansetag teil, im Juli 1669 fand der allerletzte Hansetag in Lübeck mit nur fünf von einst über 130 Städten als Mitgliedern statt. Der gute Name der Hanse aber blieb im Bewusstsein und ist bis heute Werbefaktor.

Westfalens Venedig

Nicht das alte und neue Verwaltungszentrum Soest, sondern das ursprünglich kleinere, aber einst ebenfalls zur Hanse gehörige Lippstadt ist heute die größte Stadt im Landkreis. Gemeinsamkeiten

Anders als Soest entstand Lippstadt nicht kontinuierlich, sondern als Willensakt auf dem Reißbrett.

und Unterschiede fallen dem Besucher gleich ins Auge: hier wie dort der weiträumige Marktplatz, um den sich kreisförmig die Altstadt legt, mit imposanten Kirchen aus grünlichem Sandstein. Und hier wie dort die wichtige Funktion als Einkaufsstadt der Region. Doch anders als Soest entstand die an der Lippe gelegene und wegen des Wasserreichtums gern mit Venedig verglichene Handelsstadt nicht kontinuierlich, sondern als Willensakt des Landesherrn auf dem Reißbrett. Edelherr Bernhard II. zur Lippe ließ in der Nähe seiner Stammburg um 1185 eine Kaufmannssiedlung mit schachbrettartigen Straßenzügen an-

Heitere Rokoko-Formenwelt in der Bürener Jesuitenkirche Maria Immaculata

Lebendige Tradition: Fachwerkhaus mit reich verzierter Haustür in Geseke und Ordensträger der Schützenbruderschaft in Schoneberg, einem Ortsteil von Lippetal

Das Wasserschloss Hovestadt ist in Privatbesitz, nur die Gartenanlagen sind zugänglich.

legen. Dass es der Stadt im Lauf der Jahrhunderte recht gut erging, belegen noch heute die zahlreichen Baudenkmäler.

Glaubensveste

Weniger einladend als trutzig und düster hockt die Wewelsburg, die einzige Dreiecksburg Europas, auf einem Hügel, mit weiter Sicht ins Land. Eine Höhenburg über dem Almetal ist schon seit dem 12. Jahrhundert bezeugt. Die bestehende Anlage stammt jedoch nicht aus dem Mittelalter, sondern aus der Regierungszeit des Paderborner Fürstbischofs Dietrich IV. von Fürstenberg (1585–1618). Ausrottung der evangelischen Konfession und Wiederherstellung der fürstbischöflichen Vorherrschaft auf seinem teilweise zum Protestantismus übergetretenen Territorium waren die erklärten Ziele bei seiner Bischofswahl. Dass er es ernst meinte mit der Verteidigung des „rechten Glaubens" im Sinne der Gegenreformation wurde für alle sichtbar kundgetan in der Errichtung der imposanten Wewelsburg (1603–1609).

Die Burg war Kriegsschauplatz, wurde nach Schäden im Dreißigjährigen Krieg wiederhergestellt, war Ort der Hexenverfolgung und wiederholt Nebenresidenz der Fürstbischöfe, bis sie im 18. und 19. Jahrhundert unbedeutend wurde und zur Ruine verfiel. Zu Beginn des 20. Jahrhunderts weckte sie erneut Interesse, zuerst bei der katholischen Jugendbewegung als „Jugendburg", ab 1933 dann bei den Nationalsozialisten. Heinrich Himmler, Reichsführer der SS, hatte große Pläne mit der Burg: Die mit dem Geist des Germanentums und des mittelalterlichen Imperiums in Verbindung stehende Anlage sollte zum Hauptquartier seiner Terrororganisation werden, umgeben von monumentalen Bauten, für deren Errichtung ab 1939 Häftlinge des eigens dafür geschaffenen Konzentrationslagers Niederhagen schufteten. Inzwischen haben Museen und eine viel besuchte Jugendherberge von den alten Gemäuern Besitz ergriffen.

WEWELSBURG

Düsteres Vermächtnis

In der einst landesfürstlichen Wehrburg der Paderborner Bischöfe wurde Deutschlands erstes Museum zur Geschichte der SS eröffnet.

Der Obergruppenführersaal im Erdgeschoss des Nordturms der Wewelsburg

Der Standort für die Gedenkstätte ist treffend gewählt, denn nach dem Willen von SS-Reichsführer Heinrich Himmler sollte die Wewelsburg zum zentralen Kult- und Versammlungsort für die Offiziere der Schutzstaffel umgebaut werden. Zunächst als eine Art Akademie gedacht, ließ Himmler das Areal ab 1936 zu einer gigantischen Selbstinszenierung der SS gestalten, unter Leitung des Architekten Hermann Bartels, der mehrere Wettbewerbe für geplante NS-Großbauten gewonnen hatte. Mittelpunkt des etwa 250 Millionen Reichsmark verschlingenden Projekts sollte die ungewöhnliche Dreiecksburg sein, für Himmler eine Stätte mit nationalsozialistischem Pathos.

Als Schauplatz des Leidens und Sterbens hat dagegen der zur Museumseröffnung angereiste ehemalige Häftling Leopold Engleitner aus Österreich die Burg in Erinnerung. Wie er mussten rund 3900 Häftlinge, meist sowjetische Kriegsgefangene und Zwangsarbeiter, die im eigens für das Großprojekt errichteten KZ Niederhagen eingepfercht waren, körperliche Schwerstarbeit im nahen Steinbruch verrichten. Mindestens 1285 von ihnen starben dabei.

Uniformen und Häftlingsjacken

Der museale Rundgang unter dem Titel „Ideologie und Terror der SS" beginnt in den Untergeschossen des einstigen SS-Wachgebäudes am Burgvorplatz. Im Turn- und Fechtsaal der SS sowie im Kasino lassen sich alle Facetten dieser Sonderinstitution des NS-Staates studieren, von den Organisationsstrukturen über das Führungspersonal bis zur rassistischen Weltanschauung und der Praxis des Terrors. In den weiteren Rundgang sind zwei Räume im Nordturm der Burg integriert, zum einen die sogenannte Gruft, in der die Totenfeiern für SS-Führer abgehalten und die Totenkopfringe der Verstorbenen in einem besonderen Schrein aufbewahrt werden sollten, zum anderen der „Obergruppenführersaal", der für die alljährlich vorgesehenen Treffen gedacht war.

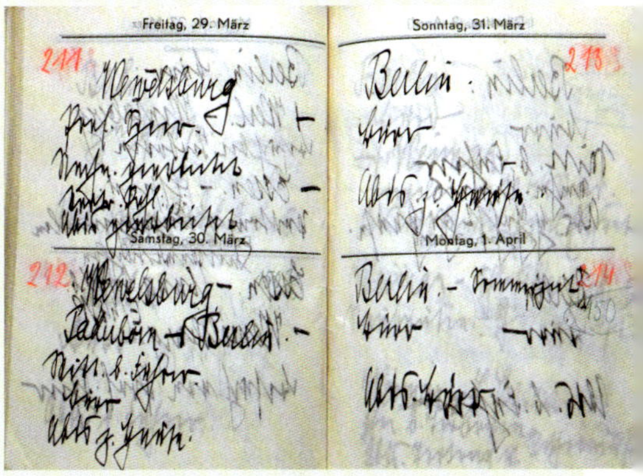

Im Dienstkalender von SS-Reichsführer Heinrich Himmler aus dem Jahr 1940 finden sich am 29. und 30. März Einträge zu einem Besuch auf der Wewelsburg.
Die Wewelsburg beherbergt heute neben der Erinnerungs- und Gedenkstätte noch das Historische Museum des Hochstifts Paderborn sowie eine Jugendherberge.

Als Leitfaden der Ausstellung dient die konsequente Gegenüberstellung von Tätern und Opfern: SS-Uniformen hängen neben Häftlingsjacken, Schutzhaftbefehle kontrastieren mit den Erinnerungen der Inhaftierten. Dokumentiert wird auch die Aufarbeitung der örtlichen NS-Vergangenheit: Himmlers letzter Befehl führte am 31. März 1945 zur Sprengung der Burg. Danach wurde wieder aufgebaut – ebenfalls unter dem Deckmantel des Schweigens. Erst im Jahr 2000 wurde auf dem einstigen KZ-Appellplatz ein Mahnmal eingeweiht.

Erinnerungs- und Gedenkstätte

Dauerausstellung
Di.–Fr. 10.00–17.00, Sa./So. bis 18.00 Uhr,
Burgwall 19, 33142 Büren-Wewelsburg,
Tel. 0 29 55 76 62 20,
www.wewelsburg.de

Publikation
Jan E. Schulte (Hrsg.): Die SS, Himmler und die Wewelsburg, Schöningh Verlag, Paderborn 2009

RIETBERG
DELBRÜCK
Langen-
berg
PADERBORN
BAD
LIPPSPRINGE
Schlangen
SCHLOSS
NEUHAUS
ELSEN
Borchen
SALZKOTTEN
LIPPSTADT
GESEKE
ERWITTE
Lippetal
Bad
Sassen-
dorf
SOEST
Anröchte
BÜREN
BAD WÜNNENBERG
LICHTENAU
MARSBERG
RÜTHEN
WARSTEIN
Möhnesee
Wadersloh
Liesborn
Herzfeld
Diestedde
Benteler
Maßstab 1:210.000
0
2
4km

Hanse und barocke Baulust

Soest war ein starkes Mitglied der Hanse, das sieht man dem schmucken vieltürmigen Stadtbild immer noch an. Auch Lippstadt, Geseke und Erwitte profitierten vom Handel entlang des Hellwegs. Die Wewelsburg, das ehemalige Jesuitenkolleg in Büren, Schloss Eringerfeld und das Wasserschloss Schwarzenraben setzen barocke Akzente.

1 Soest

Hanseatisches Flair, Bürgerstolz und Offenheit für Neues prägen die Kreisstadt (47 000 Einw.) mit ihrem reichen kulturellen Erbe.

SEHENSWERT

Das umwallte Zentrum wird vom roman. **St.-Patrokli-Münster** (12. Jh.) beherrscht, das auf eine Stiftskirchengründung (954) des Kölner Erzbischofs zurückgeht. Ein Teil der Innenausmalung wurde zurückgewonnen, darunter die Apsismalerei im Marienchor (um 1200). Die Schatzkammer birgt u. a. liturgisches Gerät. Das **Rathaus** (1716) nebenan ist ein Barockbau mit neunbogiger Halle. Gegenüber liegt **St. Petri** mit roman. Langhaus, das um 1240 zur Halle umgebaut wurde, und frühgot. Chor (Weihe 1322) mit Wandmalereien. Ein kurzer Weg führt am Morgner-Haus vorbei zur **Nikolaikapelle** (Ende 12. Jh.) mit großem Altarbild (um 1400) aus der Schule des Meisters Konrad von Soest. Über den Vreithof gelangt man zur Teichsmühle und zum angrenzenden Theodor-Heuss-Park sowie weiter über den Loerbach zur Kirche **St. Maria zur Wiese** TOPZIEL, eine der glanzvollsten Schöpfungen deutscher Gotik des 14. Jahrhunderts. Biegt man von der Wiesenstraße in die Hohe Gasse ein, erhebt sich dort **St. Maria zur Höhe**, Hohnekirche genannt, eine 1220–1230 entstandene Halle mit Wandmalereien, herausragendem Hauptaltar (um 1480) sowie dem einzigen beweglichen monumentalen Scheibenkreuz (um 1230) in Deutschland. Das **Pilgrim-Haus** (Jakobistraße) gilt wegen seiner Erwähnung 1309 als ältester Gasthof Westfalens.

„Westfälisches Abendmahl": Fenster der Kirche Maria zur Wiese in Soest; Scheibenkreuz in St. Maria zur Höhe; Statue am Rathaus von Soest

Tipp

Kirmes zu Allerheiligen

Zum größten Volksfest in Soest, der Allerheiligenkirmes, die – 1338 das erste Mal erwähnt – am Mittwoch nach Allerheiligen beginnt und fünf Tage dauert, treffen sich etwa eine Million Menschen in der Altstadt, um zusammen mit rund 400 Schaustellern vor Beginn der trüben Jahreszeit noch mal über die Stränge zu schlagen. Dann sind auch „Bullenaugen" beliebt, die entstehen, wenn man Sahne in einen Mokkalikör tröpfelt.

MUSEEN

Das **Burghofmuseum** (Burghofstr. 22; Di.–Sa. 10.00–12.00, 15.00–17.00, So. 11.00–13.00 Uhr) vermittelt Regionalgeschichte in vielen Facetten sowie Leben und Schaffen des Renaissance-Kupferstechers Heinrich Aldegrever (um 1502 bis nach 1555). Im **Osthofentor-Museum** wird die Stadtverteidigung im Mittelalter veranschaulicht (Stadttor; April–Sept. Di.–Sa. 14.00–16.00, So. 11.00–13.00, 15.00–17.00, Okt.–März Mi. 14.00–16.00, So. 11.00–13.00 Uhr). Im **Stadtarchiv** befinden sich Kostbarkeiten wie das Stadtrecht auf der berühmten Kuhhaut (13. Jh.) und das Nequam-Buch (1315) zum Rechtsleben (Jakobistr. 13; Mo.–Fr. 8.30 bis 12.30, Do. 14.00–17.00 Uhr). Das moderne **Museum Wilhelm Morgner** zeigt Malerei des Expressionisten (1891–1917) und Kunst der Sammlung Schroth (Thomästr. 2; Di.–Fr. 14.00–17.00, Sa., So. ab 11.00 Uhr). An Leben und Werk des Pädagogen Hugo Kükelhaus erinnert **Haus Kükelhaus** (nur mit Führung, Tourist Information). Der „grüne Stein der Börde" prägte die Baukunst zwischen Anröchte (Anröchter Dolomit) und Unna; gewürdigt wird er im **Grünsandstein-Museum** (Walburgerstr. 56; Mo.–Sa. 10.00–17.00, So. ab 14.00 Uhr). Über die ehem. belgischen Garnisonen in Deutschland informiert das **Museum der belgischen Streitkräfte** (Meiningserweg 20, Mai–Okt. 3. So. im Monat 11.00–14.00 Uhr).

VERANSTALTUNGEN

Der **Bördetag** (Juni) ist ein farbenprächtiges Altstadtfest, gefolgt vom **Winzermarkt** (Juli). Die **Soester Fehde** (Ende Juli) entführt Besu-

Teichsmühle in Soest (ganz oben); Schloss Schwarzenraben in Lippstadt-Bökenförde (oben); Wasserschloss Overhagen (rechts)

cher spielerisch ins Spätmittelalter. **Allerheiligenkirmes** und **Weihnachtsmarkt** setzen im Winter Akzente.

UMGEBUNG
In **Ostönnen** (8 km westl.) lohnt die romanische St.-Andreas-Kirche (12. Jh.). **Bad Sassendorf** (5 km nordöstl.) mit Solevorkommen lockt mit Thermalbad, Gradierwerk und Schloss (18. Jh., privat) sowie den gotischen Kirchen St. Simon und St. Pantaleon.

INFORMATION
Tourist Information Soest,
Teichsmühlengasse 3, 59494 Soest,
Tel. 02921 66 35 00 50, www.soest.de

❷ Lippstadt

Weithin sichtbar überragt die gotische Marienkirche die älteste Gründungsstadt Westfalens (66 000 Einw.) mit ihren vielen Baudenkmälern.

SEHENSWERT
Das Wahrzeichen der Stadt, die 1222 geweihte **Marienkirche** mit mächtigem Westturm, wurde später im Langhaus zur Stufenhalle, mit spätgot. Hallenchor (um 1500). Spätroman. Säulenportale führen ins Innere, wo Wandmalereien des 13. und 16. Jhs. neben dem Sakramentshäuschen (1523) und dem ev. Barockretabel (1663) beeindrucken. Der die Kirche umrahmende **Marktplatz** mit Bürgerbrunnen (1985) wird seitlich vom barocken Rathaus (1773) mit Stadtwappen und Freitreppe begrenzt. In der Langen Straße findet man das Stadtpalais (18. Jh.) und **schöne Fachwerkhäuser.** Die **Brüderkirche** war 1281–1542 Klosterkirche der Augustinereremiten, nahebei liegt das **Geburtshaus** des ev. Theologen Martin Niemöller (1892–1984). Ein Flügelaltar (1520) des Geseker Malers Gert van Loen befindet sich in der neugot. **Nicolaikirche** mit roman. Turm. Durch die Stiftsstraße gelangt man zur malerischen **Stiftsruine** des ehem. Augustinerinnenklosters. Zur wasserreichsten Stadt Westfalens gehört auch ein Stadtpark, **Grüner Winkel** genannt.

MUSEUM
Das **Städtische Heimatmuseum** hat u. a. Sammlungen zur Vor- und Frühgeschichte, Kunstgewerbe sowie eine Fächer- und Spielzeugsammlung (Rathausstr. 13; Di.–Sa. 10.00 bis 12.00, 15.00–17.00, So. 10.00–12.00 Uhr).

UMGEBUNG
Vom Mineralheilbad **Bad Waldliesborn** (5 km nördl.) mit Thermalsolebad und Skulpturenpark gelangt man nach **Liesborn** (5 km weiter westl.) mit 1803 aufgehobener Benediktinerabtei als Museum für religiöse Kunst. In **Cappel** (4 km nordwestl.) beeindruckt die ehem. Damenstiftskirche (2. Hälfte 12. Jh.) eines älteren Prämonstratenser-Nonnenklosters. Das **Wasserschloss Schwarzenraben** (5 km südöstl.) als Barockanlage (1768) mit Gräftebrücke wurde der Sage zufolge nach dem ersten Vogel benannt, der sich auf dem Dach niederließ. Das Renaissance-**Wasserschloss Overhagen** (4 km westl.; privat) besticht durch seine reich ornamentierte Fassade. **Schloss Herringhausen** (2 km weiter westl., privat) ist ein barockes Herrenhaus (1720–1730) mit Mansarddach. In **Benninghausen** (3 km weiter westl.) bewahrt die Pfarrkirche St. Martin das große holzgeschnitzte Benninghausener Kruzifix (um 1080). In **Lippetal-Hovestadt** (7 km weiter westl.) liegt das Wasserschloss Hovestadt (privat), 1563–1572 in manieristischen Formen errichtet; die Vorburg (um 1733) stammt von Johann Conrad Schlaun.

INFORMATION
Stadtinformation im Rathaus,
Lange Str. 14, 59555 Lippstadt,
Tel. 02941 5 85 15, www.lippstadt.de

❸ Erwitte

Erwitte (15 600 Einw.) war im Mittelalter Sitz des Gogerichts, das für einen 100 Orte zählenden Gerichtsbezirk (Goschaft) zuständig war.

SEHENSWERT
Weithin sichtbar ist der vierkantige Westturm (um 1250) der **Laurentiuskirche**. Das Innere beeindruckt durch das spätroman. Kuppelgewölbe im Langhaus, das im Querschiff und Chor in gratige Kreuzgewölbe übergeht. Vom einstigen **Königshof** blieb nur ein Fachwerkbau (17. Jh.) mit repräsentativem Saal der Stadtverwaltung. Das **Alte Rathaus** (1717) als Dienstgebäude des Drosten weist mit dem Halseisen an der Rathaustreppe auf die frühere Gerichtsfunktion hin. Das Renaissance-**Wasserschloss Erwitte** (um 1600) wurde 1998 zum Hotel umgestaltet. Heimatstube und Heimathof mit vielen alten landwirtschaftlichen Geräten werden auf Anfrage geöffnet (Stadtverwaltung).

UMGEBUNG
Im Sole- und Moorheilbad **Bad Westernkotten** (3 km nördl.) sind zwei Gradierwerke und die Schäferkämper Mühle sehenswert. Entspannung bieten die Hellweg-Sole-Thermen (Weringhauser Str. 17; tgl. 8.00–22.00 Uhr). In **Anröchte** (6 km südl.), woher der berühmte grün schimmernde Sandstein als Baumaterial stammt, beeindruckt die Kirche St. Pankratius (13. Jh.) als got. Halle. **Schloss Eggeringhausen** (3 km weiter südl.) ist ein Wasserschloss (17.–19. Jh.; privat) mit englischem Park.

INFORMATION
Stadt Erwitte,
Am Markt 13, 59597 Erwitte,
Tel. 02943 89 60, www.erwitte.de

❹ Geseke

Eine baumbewachsene Umwallung aus dem Mittelalter umgibt die Stadt (21 000 Einw.) mit ihren vielen Fachwerkbauten.

SEHENSWERT
Der heute dezimierte **Stadtwall** mit dem Hexenturm-Stumpf war einst so stark, dass 1622 der „tolle Christian", der Herzog von Braunschweig-Lüneburg, die katholische Stadt als einzige in Westfalen nicht einnehmen konnte. Die **Stiftskirche St. Cyriakus** trägt Züge der Romanik des 12. Jhs. und der Gotik des 13. Jhs. Zur Ausstattung gehören das Sakramentshäuschen (frühes 16. Jh.), die Pieta (erste Hälfte 15. Jh.) und der barocke Hochaltar (1727). Südlich an das Querschiff schließt sich der ehem. Kapitelsaal und ein Rest des Kreuzgangs (12. Jh.) an. Die Stadtkirche **St. Peter** am Marktplatz wurde im 13. Jh. aus einer älteren Pfeilerbasilika in eine got. Halle mit großartiger Kanzel (1740) umgewandelt, an die ein schöner spätgot. Chor mit Gestühl von 1520 anschließt. Barock ausgestaltet ist die ehem. Franziskanerklosterkirche **St. Johannes Baptist**. Im alten **Steinbruch** (Schneidweg) kann man sich auf Fossiliensuche begeben und die Installation „Mythos Stein" der Künstlerin Renate Geschke bewundern. **Grützepott – Haus der Natur** (Brenker Straße 9) informiert Kinder und Jugendliche über die Natur und die Jagd.

MUSEUM
Das **Hellweg-Museum** im Fachwerkhaus (1664) des Weinhändlers Dickmann zeigt geologische und vorgeschichtl. Exponate, bäuerliche Geräte sowie Werkstätten von Sattlern, Holzschuhmachern und Fassmachern (Hellweg 13; Mi., Sa. 16.00–18.00, So. 14.00–17.00 Uhr).

UMGEBUNG
In **Salzkotten** (8 km nordöstl.) erinnern das Gradierwerk (1997), das historische Brunnenhaus, das Kunstrad und die Ausstellung „Von der Solequelle bis zum Salzstreuer" im Fachwerk-Heimathaus an die einstige Salzgewinnung. Das Deutsche Polizeimuseum im alten Bahnhofsgebäude dokumentiert die Polizeigeschichte. In der Wallfahrtskirche von **Verne** (4 km weiter nordwestl.) wird eine Marienfigur verehrt, die auf wundersame Weise von einem Kreuzzug zurück in die Heimat fand.

INFORMATION
Stadtverwaltung,
An der Abtei 1, 59590 Geseke,
Tel. 02942 5 00 20-22, www.geseke.de

5 Büren

Das schlossartige barocke Jesuitenkolleg bekrönt die Stadt (21 500 Einw.) zwischen den Flusstälern von Alme und Afte.

SEHENSWERT
Unter der gemeinsamen Bauleitung des jungen Johann Conrad Schlaun und Gottfried Laurenz Pictorius entstand 1719–1728 um einen Ehrenhof die Barockanlage mit 3 dreigeschossigen Flügeln als **Jesuitenkolleg**, das seit 1946 als privates Mauritius-Gymnasium genutzt wird. Die ehem. Jesuitenkirche **Maria Immaculata** (1754–1760) mit skulptierter Fassade auf Kreuzgrundriss nach Plänen des Bonner Hofbaumeisters Franz Heinrich Roth beeindruckt im Innern durch die heitere Formwelt des späten Rokoko. Die Pfarrkirche **St. Nikolaus**, ursprgl. dreischiffige spätroman. Pfeilerbasilika, birgt eine Orgel (1744) von Johann Patroclus Möller.

UMGEBUNG
Im Stadtteil **Brenken** (4 km nordöstl.) finden sich die Pfarrkirche St. Kilian als Gewölbebasilika des 12. Jhs. und in herrlicher Lage die barocke Schlossanlage Erpernburg (privat). Die **Wewelsburg** (6 km weiter nordöstl.; 1603 bis 1609, siehe S. 110), Europas einzige erhaltene Dreiecksanlage, sicherte einst die Macht des Paderborner Bischofs. In **Böddecken** (2 km weiter südl.) steht die Ruine einer früher zu einem Augustinerkloster gehörenden gotischen Kirche. Über **Bad Wünnenberg** (12 km weiter südl.) und **Fürstenberg** mit prächtigem Schloss (spätes 18. Jh., privat) gelangt man zur **Aabach-Talsperre** (2 km weiter südl.).

INFORMATION
Touristikgemeinschaft Bürener Land e.V.,
Königstr. 16, 33142 Büren,
Tel. 0 29 51 / 97 01 24, www.bueren.de

Genießen Erleben Erfahren

DuMont Aktiv

Im Kanu auf der Lippe

Seit 1988 organisiert das Team von Bernhard Deppe, Ex-Mitglied der Deutschen Wildwasser-Slalom-Nationalmannschaft und mehrfacher Deutscher Meister, Kanutouren auf der Lippe.

Als Cheftrainer der norwegischen und der niederländischen Nationalmannschaft sammelte Bernhard Deppe viele Erfahrungen. So entstand die Geschäftsidee, das Kanufahren auf der heimatlichen Lippe populär zu machen. Die Boote lassen sich nach der Einweisung auch von Unerfahrenen leicht beherrschen und sind unsinkbar, wenngleich nicht unkippbar. Bei der Tour Lippstadt – Benninghausen (9 km, knapp 3 Std.) kann man die Seele baumeln lassen. Ausklang im Landgasthof Lange gegenüber dem Ziel oder im Gasthof Loesmann auf der Heide. Auf der Route Esbeck – Lippstadt (5 km, knapp 2 Std.) erlebt man Tiere, Pflanzen und Landschaft hautnah. Zur Strecke Hörste – Lippstadt (9 km, 3,5 Std.) gehört ein leichter Wildwasserabschnitt. Ausklang im nahen Hülshoff, in der Brauerei Thombansen oder im Café „Im Grünen Winkel". Für die Tour Hörste – Benninghausen (19 km, 6 Std.) benötigt man eine gute Kondition. Auf kurvenreiche Abschnitte folgen die Parkanlage in Lippstadt mit der anschließenden Bootsrutsche in die Nördliche Umflut sowie die flach auslaufenden Uferpartien im renaturierten Auenbereich als Abschluss.

Weitere Informationen

Kanutouren Deppe
April–Okt. tgl.
Am Lempkenkamp 5, 59555 Lippstadt,
Tel. 02941 92 24 90,
www.kanutouren-deppe.de

Landgasthof Becker
www.campingoase-lange.de

Loesmann auf der Heide
www.loesmann.de

Hülshoff
www.der-huelshoff.de

Brauerei Thombansen
www.lippstaedter-brauerei.de

Um in einem Kanu die Lippe zu „erobern", benötigen auch diejenigen, die noch nie mit einem Kanu gefahren sind, kaum mehr als eine kurze Einweisung.

Eine regionale Spezialität: Pumpernickel; flüssiges Gold aus Detmold; Brauerei in Detmold

Service

Keine Reise ohne Planung. Auf den folgenden Seiten haben wir für Sie Wissenswertes und wichtige Informationen für Ihren Urlaub im Teutoburger Wald zusammengestellt.

Anreise

Auto: Mit dem Auto erreicht man den Teutoburger Wald über die A 2, A 30, A 33 und A 44. Die B 1 vom Rhein zur Weser verbindet auch Blomberg mit Paderborn und Soest. Bedeutende Verkehrsknotenpunkte sind Bad Oeynhausen, Bielefeld, Paderborn und Soest.
Bahn: Für den Fern- und Nahverkehr der Deutschen Bahn ist Bielefeld mit ICE- und IC-Systemhalten der wichtigste Bahnhof. Einzelne ICE- und zahlreiche IC-Züge halten auch in Paderborn, Gütersloh, Minden, Bad Oeynhausen, Warburg, Soest und Herford, das sich zum wichtigsten Nahverkehrszentrum entwickelt hat. Im Verkehrsverbund Ostwestfalen-Lippe (VVOWL) werden besondere Verbundtariftickets und ein Liniennetzplan mit Bus und Bahn angeboten (Jahnplatz 5, 33602 Bielefeld, www.vvowl.de).
Flugzeug: Für Flugreisende ist von Ostwestfalen-Lippe aus der Flughafen Paderborn/Lippstadt in Büren-Ahden im Kreis Paderborn das Tor zu Europa (Info 02955 7 70, www.airport-pad.com).

Auskunft

OstWestfalenLippe Marketing GmbH und Teutoburger Wald Tourismusmarketing,
Jahnplatz 5, 33602 Bielefeld,
Tel. 0521 9673325,
www.teutoburgerwald.de

Lippe Tourismus & Marketing AG,
Schlossplatz 7, 32756 Detmold,
Tel. 05231 565940,
www.land-des-hermann.de

Naturpark Teutoburger Wald / Eggegebirge,
Felix-Fechenbach-Str. 5, 32756 Detmold,
Tel. 05231 62 79 44,
www.naturpark-teutoburgerwald.de

Essen und Trinken

Die ostwestfälische Küche ist nicht gerade ein leichter Genuss, sondern kennt ausgesprochen nahrhafte Gerichte, wie sie der einst hart arbeitenden Landbevölkerung auch durchaus anstanden. Mild geräuchter Knochenschinken, das dunkle, herb-süße Pumpernickelbrot und diverse Eintöpfe werden meist mit der regionalen Küche assoziiert, die zudem auch noch Spezialitäten mit kuriosen Namen umfasst, wie Arme Ritter (in Eiermilch gewendete, in der Pfanne ausgebackene Weißbrotscheiben mit Zimtzucker), Pickert (Kartoffelreibekuchen mit Milch- und Mehlbeigabe), Blindhuhn (ein üppiger Eintopf aus Bohnen, Möhren, Kartoffeln, Äpfeln, Birnen und reichlich Speck) oder Pannhas (eine deftige Fleischpastete, deren Scheiben in der „Pann", also einer Pfanne, angebraten werden).
Die traditionellen alkoholischen Getränke sind Bier und Korn. Im Unterschied zum Kornbrand ist der bekannte Steinhäger aus Steinhagen ein Wacholderschnaps.

Freizeitparks

Der **Zoo Safaripark** mit Großwild-Safariland in Holte-Stukenbrock und **potts park** bei Minden mit Science Center sind die beliebtesten Freizeitparks der Region.

Hotels (Auswahl)

Bad Driburg: €€€€ Gräflicher Park Hotel & Spa, Brunnenallee, Tel. 05253 9 52 30, www.graeflicher-park.de. Historische Fassade, repräsentative Empfangs- und Aufenthaltsräume, Zimmer mit italienischen Stilmöbeln. Restaurant, Parkplätze, Fahrradverleih, Sauna, Außen- und Innenpool. 135 Z.
Bad Lippspringe: €€ Vital Hotel, Schwimmbadstr. 14, Tel. 05252 96 41 00, www.vital-hotel.de. Gut geführtes Haus an der Westfalentherme, wohnliche, modern ausgestattete Zimmer, direkter Zugang zur Therme. Restaurant, Lift, Parkplätze, 110 Z., 2 Suiten.
Bad Oeynhausen: € Wittekindsquelle, Bergkirchener Str. 476, Tel. 05734 9 10 00, www.wittekindsquelle.de. Liebevoll ausgestattete Zimmer mit modernstem Komfort. Restaurant, Parkplätze, Solarium, Golf. 24 Z., 4 Suiten.
Bad Salzuflen: €€ Arminius, Ritterstr. 2–8, Tel. 05222 36 60, www.hotelarminius.de. Zeitgemäßer Komfort und individueller Service in mittelalterlichen Mauern und moderner Architektur. Restaurant, Reitmöglichkeit, Sauna. 71 Z., 11 Suiten.
Bielefeld: € Brackweder Hof, OT Brackwede, Gütersloher Str. 236, Tel. 0521 94 26 60, www.brackweder-hof.de. Freundliche und gleichzeitig funktional eingerichtete Zimmer, reichhaltiges Frühstücksbüfett. Restaurant, Lift, Parkplätze. 40 Z.

Kunstvoll: Bielefelds Japanischer Garten

Blomberg: €€ Burghotel Blomberg, Burg 1, Tel. 05235 5 00 10, www.burghotel-blomberg.de. Geboten wird hervorragende Gastlichkeit in Kombination mit mittelalterlichem Flair. Urige Tradition und komfortable Moderne. Restaurant, Lift, Parkplätze, Sauna, Solarium. 53 Z., 5 Suiten.

Delbrück: €€€ Waldkrug, Graf-Sporck-Str. 34, Tel. 05250 9 88 80, www.waldkrug.de. Westfälische Gastlichkeit in Kombination mit zeitlosem Ambiente und Komfort vom Feinsten. Restaurant, Lift, Parkplätze, Wellness, Bade- und Saunalandschaft. 49 Z.

Detmold: €€/€€€ Detmolder Hof, Lange Str. 19, Tel. 05231 98 09 90, www.detmolder-hof.de. Stilvoll ausgestattetes Stadthotel mit guter Küche. 13 Z.

€€ Landhaus Hirschsprung, OT Berlebeck, Paderborner Str. 212, Tel. 05231 8 78 50 00, www.landhaus-hirschsprung.de. Ansprechend ausgestattete komfortable Zimmer mit mediterranem Flair. Restaurant, Parkplätze. Hotel liegt im Grünen. 13 Z.

Preiskategorien

€€€€	Doppelzimmer	über 200 €
€€€	Doppelzimmer	150–200 €
€€	Doppelzimmer	100–150 €
€	Doppelzimmer	50–100 €

Erwitte: €€ Schloss Erwitte, Schlossallee 14, Tel. 02943 9 76 00, www.schlosshotel-erwitte.de. Romantisch wohnen in einem etwa 400 Jahre alten Schloss. Komfortable und luxuriöse Zimmer und Suiten. Empfehlenswerte Küche im Gewölberestaurant. 15 Zi, 6 Suiten.

Geseke: € Feldschlösschen, Salzkotter Str. 42, Tel. 02942 98 90, www.hotel-feldschloesschen.de. Über hundertjährige Tradition, verbunden mit modernem Ambiente. Restaurant, Lift, Parkplätze, Sauna, Solarium, Fitness. 62 Z., 2 Suiten.

Halle in Westf.: €€€/€€€€ Gerry Weber Sportpark, Weststr. 16, Tel. 05201 89 90, www.gerryweber-sportparkhotel.de. Vielfältige Sport-, Wellness- und Beauty-Angebote. Restaurant. 106 Z., 5 Suiten.

Herford: € Waldesrand, OT Schwarzenmoor, Zum Forst 4, Tel. 05221 9 23 20, www.hotel-waldesrand.de. Helle Landhauszimmer mit mediterranem Flair. Restaurant. 49 Z., 1 Suite.

Horn-Bad Meinberg: €€ Waldhotel Bärenstein, OT Holzhausen-Externsteine, Am Bärenstein 44, Tel. 05234 20 90, www.hotel-baerenstein.de. Modernes Urlaubs- und Gesundheitshotel in absolut ruhiger Lage. Restaurant, Lift, Parkplätze, medizinische Kurabteilung, Beautybereich. 70 Z., 4 Apartments.

Höxter: €€ Niedersachsen, Grubestr. 3–7, Tel. 05271 68 80, www.hotelniedersachsen.de. Gepflegtes Haus, Zimmer und Restaurant im Landhausstil, moderner Tagungsbereich. Restaurant, Lift, Parkplätze, Wellness-Center. 80 Z., 2 Suiten.

Lemgo: € An der Ilse, OT Matorf, Vlothoer Str. 77, Tel. 05266 80 90, www.hotel-an-der-ilse.de. Netter Familienbetrieb mit Lift, Parkplätzen, Reit- und Golfmöglichkeiten, Pool, Solarium. 34 Z.

Lippstadt: €€ Welcome Hotel Lippstadt, Lipper Tor 1, Tel. 02941 98 90, www.welcome-hotel-lippstadt.de. Eine moderne Stadtunterkunft in idyllischer Uferlage direkt an der Lippe mit bequem ausgestatteten Zimmern. Restaurant, Lift, Parkplätze, Fahrradverleih. 80 Z., 3 Suiten.

Lübbecke: €€ Quellenhof, Obernfelder Allee 1, Tel. 05741 3 40 60, www.quellenhof-luebbecke.de. Befindet sich in schöner Randlage von Lübbecke; unmittelbar am Haus beginnen Wanderwege ins Wiehengebirge. Zweckmäßig ausgestattete Zimmer. Restaurant mit Terrasse, Lift, Parkplätze, Solarium. 24 Z., 1 Suite.

Minden: €€€ Victoria-Hotel, Markt 11, Tel. 0571 97 31 00, www.victoriahotel-minden.de. Direkt am Mindener Markt. Lift, behindertengerechter Zugang zu den Zimmern. 32 Z.

Paderborn: €€ Stadthaus, Hathumarstr. 22, Tel. 05251 1 88 99 10, www.hotel-stadthaus.de. Angenehme Stadtunterkunft mit geschmackvollen Zimmern in zentraler Lage nahe beim Dom. Restaurant. 34 Zi., 2 Suiten.

Rheda-Wiedenbrück: €€ Ratskeller, Markt 11, Tel. 05242 92 10, www.ratskeller-wiedenbrueck.de. Sehr komfortable Zimmer, großteils mit wertvollem antikem Mobiliar eingerichtet. Restaurant, Lift, Reitmöglichkeit, Sauna, Solarium, 31 Z.

Warburg: €€ Alt Warburg, Kalandstraße 11, Tel. 05641 7 89 80, www.alt-warburg.de. Ein denkmalgeschütztes Fachwerkhaus von 1540 mit individuell eingerichteten Zimmern. Restaurant, Parkplätze. 20 Z.

Info

Daten & Fakten

Landesnatur: Einst Osning genannt, bürgerte sich der Name Teutoburger Wald, nach dem Tacitus-Zitat Teutoburgiensis Saltus, erst im 17./18. Jh. als Bezeichnung für den lang gestreckten Höhenzug zwischen den nördlichen und den mehr südlichen Landesteilen Nordrhein-Westfalens und Niedersachsens, zwischen westfälischer Bucht und Wesertal ein. Das weitgehend mit Laubwald, vor allem Buchen bewachsene, 110 km lange und 7 bis 10 km breite Schichtrippengebirge ist von Südost nach Nordwest in Egge, Lipper Wald, Osning und Iburger Wald unterteilt. Mit der Preußischen Velmerstot (468 m) erreicht es seine höchste Erhebung.

Klima: Die häufig vom Atlantik beeinflusste Großwetterlage sorgt am Teutoburger Wald als den ersten Hügelketten des deutschen Mittelgebirges für reichlich Niederschlag, doch zahlreiche Sonnenstunden im Jahresmittel lassen durchaus auch Outdoor-Aktivitäten zu. Relativ milde Winter und nicht zu heiße Sommer prägen ansonsten das Klima der Region.

Wirtschaft: Neben der nach wie vor bedeutenden Landwirtschaft inklusive Großmästereien dominieren Unternehmen aus den Bereichen Maschinenbau, Lebensmittelherstellung, IT und Möbelindustrie im Wirtschaftsraum Ostwestfalen-Lippe, während im Kreis Soest die Aluminiumverarbeitung, u. a. zu Karosserieteilen, und die Computerfertigung vorherrschend sind. Bertelsmann, Miele, Dr. Oetker, Nixdorf, Seidensticker und Melitta sind weltbekannte Marken, die in der Region zu finden sind. Herford ist das Kompetenzzentrum der Holz-, Möbel- und Kunststoffindustrie.

Bildung: Eine Vielzahl von Hochschuleinrichtungen sorgen für wissenschaftlichen Nachwuchs, darunter beispielsweise die Hochschule Ostwestfalen-Lippe in Lemgo, Detmold, Höxter und Warburg, die international renommierte Hochschule für Musik in Detmold (über 700 Studierende) sowie die 1969 und 1972 gegründeten Universitäten Bielefeld und Paderborn (jeweils rund 20 000 Studierende).

Wassersport im Weser-freizeitzentrum in Varenholz; hoch in den Wipfeln im Teuto-Kletterpark

Erholung mit Unterwassermusik bietet die Bali Therme in Bad Oeynhausen.

Kur und Wellness

Kurorte: Zahlreiche Solequellen bilden neben einigen Mineralquellen die Grundlage für die Entwicklung eines vielfältigen Bade- und Kurwesens in der Region. Gradierwerke, Trinkkuren, Badekuren mit Sole oder Schwefelmoor und weitere Kurmittelanwendungen zählen zu den Gesundheitsangeboten in den Badeorten. Bekannte Heilquellen entspringen in Bad Oeynhausen, Bad Lippspringe und Bad Driburg. Auf Sole basieren die Kuren in Bad Salzuflen, Bad Sassendorf und Bad Westernkotten, auf Moor in Horn-Bad Meinberg. Bad Waldliesborn und Bad Wünnenberg sind Mineral- bzw. Kneipp-Kurorte. Die wissenschaftliche Forschung des Herz- und Diabeteszentrums Nordrhein-Westfalen als Einrichtung der Universitätsklinik der Ruhr-Universität Bochum in Bad Oeynhausen findet internationale Beachtung.
Über spezielle Kuren gibt auch der Deutsche Heilbäderverband e.V. Auskunft (Charlottenstr. 13, 10969 Berlin, Tel. 030 24 63 69 20, www.deutscher-heilbaederverband.de). Einen Rund-um-Wohlfühlservice enthält das Internetportal www.wellnessplus-teutoburgerwald.de.
Badelandschaften: Großzügige Badelandschaften mit zahlreichen zusätzlichen Wellness-Angeboten von Massagen bis Sauna sind u. a. das VitaSol genannte Thermalsolebad in Bad Salzuflen, die Bali Therme in Bad Oeynhausen, die Driburg Therme in Bad Driburg, die Westfalen-Therme in Bad Lippspringe, die Hellweg-Sole-Thermen in Bad Westernkotten und das Thermalsolebad in Bad Sassendorf.

Literatur

Josef Bieker, Monika Hörig und Ulrike Romeis: **Ostwestfalen und Teutoburger Wald.** Umfangreicher Bild-Text-Band. Ellert & Richter, Hamburg 2007.
Wilhelm Raabe: **Höxter und Corvey.** Erzählt über die Region in der Zeit des Dreißigjährigen Kriegs. Reclam, Ditzingen 1986.
Annette von Droste-Hülshoff: **Die Judenbuche.** Novelle nach einem historischen Ereignis im Ort Bellersen. Reclam, Ditzingen 2001.
Michael Bischoff und Rolf Schönlau: **Weser & Renaissance.** Reisehandbuch inklusive Audio-CD mit szenisch gesprochenen Texten und Musik aus der Zeit der Renaissance. Mitzkat, Holzminden 2007.
Wiebke von Thadden: **Brun, Geisel im Königreich Franken** sowie **Tiza im Königsbann.** Unterhaltsame Jugendbücher zur Geschichte des Frühmittelalters in der Region. Beltz, Weinheim 1999 bzw. 2000. Nur noch antiquarisch erhältlich.
Michael Vogtmeier (Hrsg.): **Lippisches Lesebuch: Literarische Streifzüge durch das Fürstentum**. Sammlung von Texten verschiedener Schriftsteller. Vogtmeier, Rosdorf 2006.
Ralf-Peter Märtin: **Die Varusschlacht / Rom und die Germanen.** Zuverlässig recherchierte historische Information gepaart mit spannender Unterhaltung. Fischer Taschenbuch, Frankfurt am Main 2010.

Info

Geschichte

9–16 n. Chr.: Siege germanischer Stämme unter Arminius (Hermann) über römische Legionäre führen zum Rückzug der Römer an die Rheingrenze.
3./4. Jh.: Sächsische Stammesverbände dringen in Gebiete zwischen Weser und Lippe ein.
Ende 8./Beginn 9. Jh.: Nach langen Kriegen unterwirft sich Sachsenherzog Widukind Karl dem Großen. Bei der Sachsenmission entstehen die Bistümer Minden und Paderborn, das Damenstift Herford und die Benediktinerabtei Corvey als Kulturzentren.
11./12. Jh.: Die Bischöfe von Paderborn und Minden fördern Handel und Baukunst; kleinere Territorialherren treten in Konkurrenz zu ihnen und profitieren von der Ächtung Heinrichs des Löwen (1180), mit dem das Stammesherzogtum Sachsen endet.
1253: Soest und Lippstadt gründen mit anderen Orten in Werne den Westfälischen Städtebund, der sich später der Hanse anschließt, zu der auch die Weserstadt Höxter und das wohlhabende Warburg gehören.
Ab 1524: Die Ideen der Reformation verbreiten sich und treffen auf katholischen Widerstand.
1618–1648: Der Dreißigjährige Krieg verwüstet die Region. Im Westfälischen Frieden fallen Stift und Stadt Minden als Garnison an Brandenburg-Preußen, wie schon zuvor die Grafschaft Ravensberg mit Bielefeld, dessen Leinenweberei zum baldigen Wirtschaftsaufschwung führt.
1807–1813: Das Königreich Westphalen ist unter Napoleons jüngstem Bruder Jérôme Bonaparte ein moderner Modellstaat.
1815: Seit dem Wiener Kongress ist die Region preußisch, mit Ausnahme des Fürstentums Lippe-Detmold. Die einstige Fürstabtei Corvey gelangt später in den Besitz der Herzöge von Ratibor.
Ab 1871: Im Zuge der Reichsgründung prosperiert der Wirtschaftsraum dank Eisenbahnnetz um Bielefeld und Gütersloh; Heilbäder kommen in Mode und Agrarprodukte werden stärker nachgefragt.
1945–1947: Nach der Zerstörung von Bielefeld, Minden, Paderborn und Soest beginnt der Wiederaufbau. Die ehem. preußische Provinz Westfalen sowie Lippe kommen zum neuen Bundesland Nordrhein-Westfalen.
1969/1972: Gründung der Reformuniversitäten Bielefeld und Paderborn.
1998: Eröffnung des Mindener Wasserstraßenkreuzes.
2009: Erinnerung an die Schlachten zwischen Germanen und Römern am Teutoburger Wald vor 2000 Jahren.
2014: Die UNESCO ernennt Kloster Corvey zum Weltkulturerbe.
2017: Landesgartenschau in Bad Lippspringe

Museumsführer OWL sowie **Industriekulturführer OWL,** Wegweiser zu zahlreichen Kultureinrichtungen, sind gegen Einsendung von je vier Euro in Briefmarken erhältlich bei der Museumsinitiative in OWL, Ameide 4, 32756 Detmold, www.museumsinitiative-owl.de.

Radfahren

Radwanderungen von gemütlich bis sportlich ambitioniert bietet die sanft schwingende Topografie des Teutoburger Waldes auf vorbildlich ausgebauten Radwegen. Zur Wahl stehen: Teilstrecken des **Weserradwegs** von Hann. Münden über Beverungen, Höxter, Hameln, Minden bis Bremerhaven (ca. 500 km), der **Sole-Radweg** (ca. 90 km) von Spenge über Enger, Hiddenhausen, Herford, Bad Salzuflen, Vlotho, Löhne nach Bad Oeynhausen, die **Kaiser-Route** (ca. 370 km) von Aachen kommend über Büren, Salzkotten, Borchen, Paderborn nach Bad Lippspringe, die **Römer-Route** (ca. 280 km) von Xanten kommend nach Lippstadt, Paderborn, Horn-Bad Meinberg bis Detmold, die **Mühlenroute** (ca. 320 km) als Rundkurs zwischen Minden, Bad Oeynhausen, Preußisch Oldendorf, Rahden und Petershagen sowie die **Paderborner Land Route** (255 km, siehe S. 101), die durch eine hinreißend schöne Landschaft wie an der Aabachtalsperre und zu faszinierenden Bauwerken wie der Wewelsburg, dem Altenbekener Eisenbahnviadukt und dem Dom von Paderborn führt. Beliebt sind auch die **BahnRadRouten**, bei denen Rad und Bahn kombiniert werden können (www.bahnradrouten.de).

Restaurants (Auswahl)

Bad Lippspringe: € Park Restaurant, im Park-Hotel, Peter-Hartmann-Allee 4, Tel. 05252 96 30, www.parkhotel-lippspringe.de. Angenehmes Restaurant direkt am herrlichen Kaiser-Karls-Park gelegen, mit überdachter Gartenterrasse.
Bad Salzuflen: € Landrichinger's Alexandra, Untere Mühlenstraße 2, Tel. 05222 7 94 91 10, www.alexandrabs.de. Ruhetag Mi. Lippische und deutsche Küche, im historischen Fachwerkhaus serviert.
Bielefeld: € Histor. Gasthaus Buschkamp, OT Senne, Buschkampstr. 75, Tel. 0521 49 28 00, www.museumshof-senne.de. Ruhetage Mo., Di. Rustikale Küche, romantische Umgebung.
Detmold: €€ Weinstube, im Hotel Detmolder Hof, Lange Str. 19, Tel. 05231 98 09 90, www.detmolder-hof.de. Gehobene bürgerliche Küche in angenehmem Ambiente.
Erwitte: €/€€ Schloss Erwitte, Schlossallee 14, Tel. 02943 9 76 00, www.schlosshotel-erwitte. de. Stilvoll dinieren mit lokal geprägten Speisen.
Gütersloh: €€ Restaurant medium, Carl-Bertelsmann-Str. 33, Tel. 05241 2 12 16 36, www. medium-guetersloh.de. Ruhetag So. Modernes Lokal mit hervorragenden saisonalen Gerichten und sehr gutem Preis-Leistungsverhältnis. Zu den Spezialitäten des Hauses gehört das Hummerragout.
Herford: € / €€ Die Alte Schule, Holland 39, Tel. 05221 5 15 58, www.diealteschule.com. Täglich ab 18.00 Uhr. Auf mehrere Ebenen verteiltes Restaurant in gemütlichem Fachwerkambiente. Schmackhafte Gerichte zu moderaten Preisen. Sehr freundlicher Service.
Lemgo: € Hartmann, OT Matorf, Vlothoer Str. 77, Tel. 05266 9 90 85, www.gasthof-hartmann-lemgo.de. Ruhetag Do. Gasträume im modernen Landhausstil. Saisonorientierte deutsche und internationale Küche.
Minden: €€ Bad Minden, Portastraße 36, Tel. 0571 9 56 33 00, www.badminden.de. Regelmäßige Spezialitätenwochen, beispielsweise zu Themen wie Hummer, Lachs, Frankreich oder Italien.
Paderborn: € / €€ Kupferkessel, Marienstr. 14, Tel. 05251 2 36 85, www.kupferkessel-paderborn.de. Ruhetag So. Familiäres Lokal mit bodenständiger Küche. Preiswerte Mittagsgerichte.
Rietberg: €€ Domschenke, OT Mastholte, Lippstädter Straße 1, Tel. 02944 3 18, www. domschenke-mastholte.de. Ruhetag Di. Gerichte der französischen und mediterranen Küche. Aufmerksamer Service. Biergarten.
Soest: € Pilgrim Haus Anno 1304, Jakobistr. 75, Tel. 02921 18 28, www.pilgrimhaus.de. Ältester Gasthof Westfalens, erstmals 1304 als Pilgerherberge erwähnt. Gute regionale Küche.

Preiskategorien

€ € €	Hauptspeisen	über 40	€
€ €	Hauptspeisen	20 – 40	€
€	Hauptspeisen	bis 20	€

Schifffahrten

Auf der Weser bietet die Mindener Fahrgastschifffahrt von April bis Ende Okt. Linienverkehr an, zudem Rundfahrten zur Porta Westfalica und Vlotho, Kanalkreuzfahrten zum Mittellandkanal sowie Weserkreuzfahrten (Tel. 0571 6 48 08 00, www.mifa.com). Einstündige Rundfahrten (Mitte April–Ende Sept.) auf dem Schiedersee veranstaltet das dortige Freizeitzentrum (Tel. 05282 4 11, www.schiedersee.de).

Sport

Fliegen: Einer der größten Sportflugplätze Deutschlands mit Segelflugschule ist in Oerlinghausen zu finden (www.flugplatz-oerlinghausen.de). Der LSV Egge unterhält in Vinsebeck ein Segelfluggelände und bietet Rundflüge an (www.lsv-egge.de), auch in Detmold gibt es einen Luftsportverein (www.lsv-detmold.de).
Drachenfliegen kann man in Werther bei Halle erlernen und Fallschirmspringen auf dem Flugplatz Höxter-Holzminden oder bei Soest auf dem Flughafen Lohner Klei. Heißluftballone starten u. a. in Bielefeld und Paderborn (www.ballonfahrt.de, www.rehmballooning.de).
Golfen: In Ostwestfalen-Lippe gibt es mittlerweile etliche Golfplätze – fünf abwechslungsreiche 18-Loch-Anlagen finden sich allein im Kreis Gütersloh.

Attraktion im Safaripark in Stukenbrock: Weißer Tiger

Kanu, Kajak: Die Touristenbüros halten verschiedene Angebote auf den Flüssen mit Detailinformationen zur Anmietung von Booten und reizvollen Strecken bereit (s. S. 115).
Klettern: Zum teuto-kletterpark bei Detmold s. S. 69.
Reiten: Alles was das Reiterherz begehrt, lässt sich bei www.reiten.de finden. Über Wanderreiten und News rund ums Pferd in Ostwestfalen-Lippe informiert www.reite-in-owl.de.

Tier- und Wildgehege

In Schloß Holte-Stukenbrock erfreut der große **Safaripark** alle Altersgruppen mit frei laufenden Löwen und Giraffen. Die Könige der Lüfte zeigen ihr Können auf Europas größter **Adlerwarte** in Berlebeck bei Detmold. **Wildgehege** gibt es bei Warburg (Wisent- und Tarpangehege), Bad Driburg (Wildgehege im Kurpark) und Randringhausen (Damwildgehege). Ein nettes Areal mit Streichelzoo ist der **Tierpark Olderdissen** in Bielefeld.

Urlaub mit Kindern

Spielgelände und Freizeitparks wie der Zoo Safaripark Stukenbrock bei Bielefeld oder potts park bei Minden sind naturgemäß die Favoriten bei Kindern, die aber auch in den Freilichtmuseen Detmold und Oerlinghausen bei kindgerechten Führungen und Aktionen zum Leben anno dazumal sicher ihren Spaß haben werden. Bei den Minden-Lübbecker Mahl- und Backtagen entlang der Mühlenstraße sind kleine Bäcker gern gesehen. Wildgehege und Streichelzoos oder die Adlerwarte Berlebeck ermöglichen spannende Begegnungen mit Tieren. Reizvoll sind außerdem die Kindertheaterstücke der Freilichtbühne Bökendorf bei Brakel.

Veranstaltung

Das Kulturereignis in Ostwestfalen-Lippe überhaupt ist das Literatur- und Musikfest **Wege durch das Land**, das 2016 bereits zum 17. Mal stattfand. Zwischen Mai und August werden alljährlich Schlösser, Klöster, ja ganze Dörfer oder auch die freie Natur zu vielbesuchten Spielstätten (www.wege-durch-das-land.de).

Wandern

Der Königsweg unter den Wanderrouten der Region ist der 170 km lange **Hermannsweg** von Rheine über Tecklenburg und Oerlinghausen nach Horn-Bad Meinberg (s. S. 48). Der **Eggeweg** (70 km), als erster vom Deutschen Wanderverband dreimal mit dem Gütesiegel „Qualitätsweg Wanderbares Deutschland" ausgezeichnet, beginnt bei den Externsteinen und führt an der 468 Meter hohen Preußischen Velmerstot vorbei bis nach Marsberg. Der **Wittekindsweg** als Kammweg des Wiehengebirges und Teil des Europäischen Fernwanderwegs E 11 (90 km) verbindet Porta Westfalica mit Osnabrück. Der **Mühlensteig** (70 km) ist zwischen Preußisch Oldendorf und Porta Westfalica angelegt, während der **Burgensteig** (92 km) von Porta Westfalica nach Höxter führt. Von Bad Oeynhausen schlängelt sich der **Dingelstedtpfad** (106 km) bis nach Polle an der Weser. Der **Hansaweg** (72 km) verbindet Herford mit Lemgo und Hameln, der **Niedersachsenweg** (80 km) das Hermannsdenkmal bei Detmold mit Hameln.
Infos und Karten sowie Angebote zum Wandern ohne Gepäck bei: **Teutoburger-Wald-Verein e. V.** (Engersche Str. 57, 33602 Bielefeld, Tel. 0521 6 30 19, www.teutoburgerwaldverein.de), **Eggegebirgsverein e. V.** (Pyrmonter Str. 16, 33014 Bad Driburg, Tel. 05253 93 11 76, www.eggegebirgsverein.de) sowie **Wiehengebirgsverband e. V.** (Rolandsmauer 23 a, 49074 Osnabrück, Tel. 0541 2 97 71, www.wiehengebirgsverband-weser-ems.de).

Die Braumühle Schmerlecke in Erwitte ist Station der Pilger auf dem Jakobsweg.

Register

Fette Ziffern verweisen auf Abbildungen

Impressum

4. Auflage 2017

Verlag: DuMont Reiseverlag, Postfach 3151, 73751 Ostfildern, Tel. 0711 450 20, Fax 0711 450 23 43, www.dumontreise.de
Geschäftsführer: Dr. Thomas Brinkmann, Dr. Stephanie Mair-Huydts
Programmleitung: Birgit Borowski
Redaktion: Olaf Rappold, Julia Wilhelm (red.sign, Stuttgart)
Text: Reinhard Strüber
Exklusiv-Fotografie: Christian Bäck
Titelbild: mauritius images/Don Douglas/Alamy
Zusätzliches Bildmaterial: S. 4 l. Alamy/VIEW Pictures/Nathan Willock, r. o. picture-alliance/Friso Gentsch, r. u. imago/imagebroker, S. 5 u. mauritius images/BY, S. 8/9 mauritius images/Travel Collection/Klaus Bossemeyer, S. 10/11 laif/Gerhard Westrich, S. 12/13 Visum/Jan Braun, S. 14/15 mauritius images/Alamy, S. 16/17 DuMont Bildarchiv/Georg Knoll, S. 18/19 Visum/Thomas Langreder, S. 20 l. mauritius images/Wavebreakmedia, r. picture-alliance/Arco Images GmbH, S. 21 l. o. mauritius images/Alamy/David Crausby, l. u. Walter's Pharmacy, r. o. LOOK-foto/Travel Collection, r. u. iStockphoto/palau83, S. 22/23 Christian Wyrwa, S. 24 o. LOOK-foto/Merz, S. 28 o. picture-alliance/dpa/Oliver Krato, S. 32 l. B&W Rhythm ‚n' Blues Festival, M. mauritius images/imagebroker/Peter Schickert, r. mauritius images/JIRI, S. 33 l. Bielefeld Marketing GmbH/Patrick Piecha, r. Anja Radau, S. 35 DuMont Bildarchiv/Georg Knoll, S. 36 l. u. VitaSolTherme GmbH, M. o. DuMont Bildarchiv/Georg Knoll, r. o. mauritius images/Christian Bäck, S. 37 Mindener Fahrgastgesellschaft, S. 38/39 Visum/Martin Leissl, S. 40 o. huber-images/Klaes, S. 40/41 mauritius images/Barbara Boensch, S. 44 u. DuMont Bildarchiv/Christiane Böttcher/Thomas Tiensch, S. 44/45 mauritius images/imagebroker/Stefan Ziese, S. 46/47 huber-images/Gräfenhain, S. 48 Annette Fischer, S. 49 u. picture-alliance/dpa/Bern Thissen, S. 51 r. huber-images/TC, S. 53 o. mauritius images/BY, u. polylooks/Lothar Hinz, S. 54/55 picture-alliance/Friso Gentsch, S. 56 o. und 61 o. r. mauritius images/Christian Bäck, S. 64 l. mauritius images/Alamy/Werner Otto, M. mauritius images/Christian Bäck, r. mauritius images/imagebroker/Angela to Roxel, S. 65 o. vario images/Werner Otto, M. l. picture-alliance/chromorange, M. r. mauritius images/Christian Bäck, u. l. iStockphoto, S. 67 r. u. DuMont Bildarchiv/Christiane Böttcher/Thomas Tiensch, S. 68 o. DuMont Bildarchiv/Georg Knoll, S. 69 o. iStockphoto/Laborer, u. http://www.kletterpark.de, S. 70/71 imago/imagebroker, S. 75 o. l. Siegfried Kuttig, o. r. mauritius images/imagebroker/Dr. Wilfried Bahnmüller, S. 76 o. Alamy/VIEW Pictures/Nathan Willock, S. 78/79 LOOK-foto/Engel & Gielen, S. 83 und 84 l. DuMont Bildarchiv/Georg Knoll, M. mauritius images/Christian Bäck, S. 85 Bad Driburger Touristik GmbH, S. 86/87 mauritius images/imagebroker/Dr. Wilfried Bahnmüller, S. 94 picture-alliance/chromorange, S. 99 l. DuMont Bildarchiv/Christiane Böttcher/Thomas Tiensch, r. u. laif/Dieter Klein, S. 100 l. und r. u. OstWestfalenLippe Marketing GmbH/Conrad, S. 101 picture-alliance/dpa/Horst Ossinger, S. 102/103 Alamy/imagebroker/Cornelius Paas, S. 104 o. LOOK-foto/Brigitte Merz, S. 110 laif/Christian Jungeblodt, S. 111 l. imago/imagebroker, r. picture-alliance/Matthias Benirschke, S. 113 r. u., 114 o. l. und r. DuMont Bildarchiv/Christiane Böttcher/Thomas Tiensch, S. 115 o. iStockphoto/wip-studiolublin, u. KWL Kultur und Werbung Lippstadt, S. 116 r. u. laif/Matthias Jung, S. 117 imago/ecomedia/Fishman, S. 118 l. u. http://www.kletterpark.de
Grafische Konzeption, Art Direktion: fpm factor product münchen
Cover Gestaltung: Neue Gestaltung, Berlin
Kartografie: © MAIRDUMONT GmbH & Co. KG, Ostfildern
Kartografie Lawall (Karten für „Unsere Favoriten")
DuMont Bildarchiv: Marco-Polo-Straße 1, 73760 Ostfildern, Tel. 0711/4502-266, Fax 0711/4502-1006, bildarchiv@mairdumont.com

Anzeigenvermarktung: MAIRDUMONT MEDIA, Tel. 0711 450 20, Fax 0711 45 02 10 12, media@mairdumont.com, http://media.mairdumont.com
Vertrieb Zeitschriftenhandel: PARTNER Medienservices GmbH, Postfach 810420, 70521 Stuttgart, Tel. 0711 72 52-212, Fax 0711 72 52-320
Vertrieb Abonnement: Leserservice DuMont Bildatlas, Zenit Pressevertrieb GmbH, Postfach 810640, 70523 Stuttgart, Tel. 0711 7252-265, Fax 0711 7252-333, dumontreise@zenit-presse.de
Vertrieb Buchhandel und Einzelhefte: MAIRDUMONT GmbH & Co. KG, Marco-Polo-Straße 1, 73760 Ostfildern, Tel. 0711 45 02 0, Fax 0711 45 02 340
Reproduktionen: PPP Pre Print Partner GmbH & Co. KG, Köln
Druck und buchbinderische Verarbeitung:
NEEF + STUMME premium printing GmbH & Co. KG, Wittingen, Printed in Germany

FSC
www.fsc.org
MIX
Papier aus verantwortungsvollen Quellen
FSC® C001857

Berlin

Große Kunst
Erwartet Sie in den Berliner Museen, nicht nur in jenen fünf, die auf der Museumsinsel liegen und von der UNESCO zum Welterbe gekürt wurden.

Wo sich die Szene trifft
Prenzlauer Berg, Kreuzberg, Friedrichshain und Neukölln – wir verraten Ihnen, welche Clubs und Bars gerade angesagt sind.

Norwegen
Süden

Nordischer Glanz
Oslo – die kleinste Kapitale Skandinaviens – hat sich soeben mit moderner Architektur und viel Kunst neu erfunden.

Norwegen komprimiert
Bergen ist idealer Ausgangspunkt für kurze Touren mit Zug, Bus oder Boot ins Umland, wir stellen Ihnen die schönsten vor.

www.dumontreise.de

Lieferbare Ausgaben

DEUTSCHLAND
119 Allgäu
092 Altmühltal
105 Bayerischer Wald
180 Berlin
162 Bodensee
121 Brandenburg
175 Chiemgau, Berchtesg. Land
013 Dresden, Sächs. Schweiz
152 Eifel, Aachen
157 Elbe und Weser, Bremen
125 Erzgebirge, Vogtland
168 Franken
020 Frankfurt, Rhein-Main
059 Fränkische Schweiz
112 Freiburg, Basel, Colmar
028 Hamburg
026 Hannover zw. Harz u. Heide
042 Harz
062 Hunsrück, Naheland, Rheinhessen
023 Leipzig, Halle, Magdeburg
131 Lüneburger Heide, Wendland
133 Mecklenburgische Seen
038 Mecklenburg-Vorpommern
033 Mosel
114 München
047 Münsterland
015 Nordseeküste Schleswig-Holstein
006 Oberbayern
161 Odenwald, Heidelberg
035 Osnabrücker Land, Emsland
002 Ostfriesland, Oldenb. Land
164 Ostseeküste Mecklenburg-Vorpommern
154 Ostseeküste Schleswig-Holstein
136 Pfalz
040 Rhein zw. Köln und Mainz
079 Rhön
116 Rügen, Usedom, Hiddensee
137 Ruhrgebiet
149 Saarland
080 Sachsen
081 Sachsen-Anhalt
117 Sauerland, Siegerland
159 Schwarzwald Norden
045 Schwarzwald Süden
018 Spreewald, Lausitz
008 Stuttgart, Schwäbische Alb
141 Sylt, Amrum, Föhr
142 Teutoburger Wald
170 Thüringen
037 Weserbergland
173 Wiesbaden, Rheingau

BENELUX
156 Amsterdam
011 Flandern, Brüssel
179 Niederlande

FRANKREICH
177 Bretagne
021 Côte d'Azur
032 Elsass
009 Frankreich Süden Languedoc-Roussillon
019 Korsika
071 Normandie
001 Paris
115 Provence

GROSSBRITANNIEN/IRLAND
063 Irland
130 London
138 Schottland
030 Südengland

ITALIEN/MALTA/KROATIEN
017 Gardasee, Trentino
110 Golf von Neapel, Kampanien
163 Istrien, Kvarner Bucht
128 Italien, Norden
005 Kroatische Adriaküste
167 Malta
155 Oberitalienische Seen
158 Piemont, Turin
014 Rom
165 Sardinien
003 Sizilien
140 Südtirol
039 Toskana
091 Venedig, Venetien

GRIECHENLAND/ZYPERN/TÜRKEI
034 Istanbul
016 Kreta
176 Türkische Südküste, Antalya
148 Zypern

MITTEL- UND OSTEUROPA
104 Baltikum
122 Bulgarien
094 Danzig, Ostsee, Masuren
169 Krakau, Breslau, Polen Süden
044 Prag
085 St. Petersburg
145 Tschechien
146 Ungarn

ÖSTERREICH/SCHWEIZ
129 Kärnten
004 Salzburger Land
139 Schweiz
144 Tirol
147 Wien

SPANIEN/PORTUGAL
043 Algarve
093 Andalusien
150 Barcelona
108 Costa Brava
025 Gran Canaria, Fuerteventura, Lanzarote
172 Kanarische Inseln
124 Madeira
174 Mallorca
007 Spanien Norden, Jakobsweg
118 Teneriffa, La Palma, La Gomera , El Hierro

SKANDINAVIEN/NORDEUROPA
166 Dänemark
153 Hurtigruten
029 Island
099 Norwegen Norden
178 Norwegen Süden
151 Schweden Süden, Stockholm

LÄNDERÜBERGREIFENDE BÄNDE
123 Donau – Von der Quelle bis zur Mündung
112 Freiburg, Basel, Colmar

AUSSEREUROPÄISCHE ZIELE
010 Ägypten
053 Australien Osten, Sydney
109 Australien Süden, Westen
107 China
024 Dubai, Abu Dhabi, VAE
160 Florida
036 Indien
027 Israel
111 Kalifornien
031 Kanada Osten
064 Kanada Westen
171 Kuba
022 Namibia
068 Neuseeland
041 New York
048 Südafrika
012 Thailand
046 Vietnam